EGS-TEXTE
Erziehung • Gesellschaft • Schule
herausgegeben von Wilhelm H. Perterßen

Wilhelm H. Peterßen

Anschaulich unterrichten

Ein Lern- und Arbeitsbuch

Ehrenwirth

Die Deutsche Bibliothek – CIP-Einheitsaufnahme

Peterßen, Wilhelm H.:
Anschaulich unterrichten / Wilhelm H. Peterßen. –
1. Aufl. – München: Ehrenwirth, 1994
   (EGS-Texte)
   ISBN 3-431-03362-8

ISBN 3-431-03362-8
© 1994 by Ehrenwirth Verlag GmbH, München
Ohne ausdrückliche Genehmigung des Verlages ist es nicht gestattet, das Buch oder Teile daraus auf irgendeinem Wege (fotomechanische Reproduktion, Fotokopie, Mikroskopie, Xerographie, Einspeicherung und Rückgewinnung in Daten-Verarbeitungsanlagen aller Art u. a.) zu vervielfältigen.
Einbandgestaltung: Rainald Schwarz, München
Druck: Schoder Druck, Gersthofen
Printed in Germany 1994

INHALT

Lese- und Arbeitshinweise 7

**1 Strukturtheoretische Untersuchung
und pragmatische Absicht** 9

2 Anschaulich unterrichten: Warum? 15

2.1 Es gibt keinen Unterricht ohne Anschauung 15
2.1.1 Erinnerungen an Unterricht 15
2.1.2 Unterricht ist ein Ort des Lernens 16
2.1.3 Lernen ist immer an Erfahrung gebunden 17
2.1.4 Erfahrungen sind auf Anschauungen angewiesen 20
2.1.5 Zusammenfassung 23

2.2 Anschauung und Lerninteresse 24
2.2.1 Lerninteresse und Lernen 25
2.2.2 Lerninteresse und Unterricht 27
2.2.3 Lerninteresse und Anschauung 30
2.2.4 Zusammenfassung 34

2.3 Anschauung und Begreifen 35
2.3.1 Begreifen und Lernen 36
2.3.2 Lerninhalte und Unterricht 38
2.3.3 Lerninhalte und Anschauung 40
2.3.4 Zusammenfassung 45

2.4 Anschauung und Behalten 45
2.4.1 Behalten 45
2.4.2 Lernen und Behalten 46
2.4.3 Behalten und Anschauung 49
2.4.4 Zusammenfassung 51

3 Anschaulich unterrichten: Wie? 52

3.1 Anschaulich unterrichten mit Anschauungsmitteln 52
3.1.1 Ein Beispiel 52
3.1.2 Mittel schaffen Anschauungen 53
3.1.3 Anschauungsmittel 55

3.2	Muß es immer das Original sein?	59
3.2.1	Beispiele	59
3.2.2	Zur Frage: Muß es immer das Original sein?	60
3.2.3	Sekundärerfahrungen im Unterricht	62
3.2.4	Der »Kegel der Erfahrung«	63
3.2.5	Es kann, es soll, es muß nicht immer das Original sein!	67
3.2.6	Aber: Muß man auf das Original verzichten?	69
3.2.7	Zusammenfassung	71
3.3	Steigerung des Lerninteresses durch Anschauung	72
3.3.1	Anschauungsmittel und Lerninteresse	72
3.3.2	Attraktivität und Eindeutigkeit von Anschauungsmitteln	77
3.3.3	Bestimmungsmomente von Attraktivität und Eindeutigkeit	85
3.3.4	Zusammenfassung	87
3.4	Erleichterung des Begreifens durch Anschauung	88
3.4.1	Anschauungsmittel und Begreifen	88
3.4.2	Isomorphie und Validität von Anschauungsmitteln	93
3.4.3	Bestimmungsmomente von Isomorphie und Validität	99
3.4.4	Zusammenfassung	107
3.5	Förderung des Behaltens durch Anschauung	107
3.5.1	Anschauungsmittel und Behalten	108
3.5.2	Anschauungsmittel und Aktivität	111
3.5 3	Bestimmungsmomente aktivierender Anschauungsmittel	118
3.5.4	Zusammenfassung	122

4	Anschauung: Mittel oder Zweck!?	123

5	Anschauung war schon immer ein Problem	129
5.1	Anschauung: Mittel der Erziehung (COMENIUS)	129
5.2	Anschauung: Fundament der Erkenntnis (PESTALOZZI)	134
5.3	Anschauung: Erfahrung der Wirklichkeit (KANT)	139

Literatur	143

Lese- und Arbeitshinweise

Dieses Buch will ein Lese- und Arbeitsbuch sein, d. h. es soll dem Leser gestatten, sich alleine in das besondere Problem des »Anschauungsunterrichts« einzuarbeiten. Das verlangt eine Darstellung, die sich einer verständlichen und an den Leser gerichteten Sprache bedient, zusätzlich aber auch noch weitere die Eigenaktivität des Lesers stimulierende Gestaltungsmomente. Dem soll hier dadurch entsprochen werden, daß zahlreiche Aufgaben und Beispiele eingestreut sind. Wer auf bloß schnelle übersichtliche Information über die hier bloßgelegte Struktur »anschaulichen Unterrichts« aus ist, kann das Buch zwar ohne intensive Einlassung auf die Beispiele und ohne sorgfältige Erledigung der Aufgaben überfliegen. Wer jedoch für seine didaktische Kenntnis und damit auch die Grundlegung seiner didaktischen Fähigkeit im besonderen unterrichtlichen Gestaltungsbereich Gewinn erzielen möchte, sollte sich mit genügend Zeit auf die vorgestellten Aufgaben und Beispiele einlassen.

Aufgaben werden sowohl vorbereitend, zur Einführung in den je besonderen Gedankengang, als auch nachbereitend, zur einprägsamen Wiederholung des angestellten Gedankengangs, gestellt. Sie werden aus dem Kontext heraus verständlich und daher selbst überaus kurz gehalten.

Aufgaben werden stets auf folgende Art dargestellt:

───── **Aufgabe** ─────────────────────────────────
Erinnern Sie sich bitte an Unterricht, in dem Ihrer Meinung nach eine besonders wirksame Anschauung vorkam. Beschreiben Sie diese und analysieren Sie sie auf ihre positiven Momente hin.
──

Es wird vorgeschlagen, die Aufgabe stets so zu erledigen, daß die nötigen Antworten auf ein Blatt Papier geschrieben werden, das lose in das Buch an der jeweiligen Seite eingelegt werden kann.

Beispiele dienen, wie könnte es gerade hier anders ein, der Veranschaulichung von Gedankengängen. Sie sind zwar jeweils auf diese abgestimmt, doch geschieht dies zwangsläufig aus subjektiver Sicht. Und das wiederum hat zur Folge, daß sie wohl für manche Leser nicht unbedingt treffsicher sind. Beispiele sind hier nur einer besonderen Implikation nach vorgestellt; verborgene Implikationen können manchen Leser zu andersgerichteten Gedanken assoziieren, so daß ihm dann das Beispiel falsch zu sein scheint. Wer auf derartigen möglichen Widerspruch – zwischen Gedankengang und Beispiel – stößt, sollte vielleicht zunächst noch einmal versuchen, sich in den besonderen Gedankengang hineinzuversetzen.

Beispiele werden stets auf folgende Art dargestellt:

---- **Beispiel** ----

In einer Unterrichtsstunde im 2. Schuljahr über das Thema »Äpfel in unseren Gärten« eröffnete der Lehrer die Stunde damit, daß er einen Korb voller Äpfel auf den Boden vor der Tafel ausschüttete und die Schüler aufforderte, sich jene Äpfel daraus auszusuchen, deren Name ihnen unbekannt sei.

Die einzelnen den Schülern »unbekannten« Äpfel wurden auf einem Tisch vor der Klasse geordnet. Alle Schüler wurden aufgefordert, sich daraus wiederum jene auszusuchen, die ihnen bekannt waren und deren Namen allen Schülern zu nennen und an die Tafel zu schreiben. Die übrigbleibenden Äpfel wurden durch Schüler so genau wie möglich beschrieben. Die Beschreibungen wurden an der Tafel in Stichworten und nach dem gleichbleibendem Muster: *Größe – Farbe – Geruch* festgehalten. Die Schüler wurden aufgefordert, sich anhand der im Klassenraum vorhandenen Nachschlagewerke um die zutreffenden Namen zu bemühen. Die aufgefundenen Namen wurden an die Tafel geschrieben.

Der Lehrer schüttete die Äpfel noch einmal durcheinander auf den Boden und forderte die Schüler auf, sie in – von ihm vorbereitete Körbe mit Namenskärtchen – zu sortieren.

1 Strukturtheoretische Untersuchung und pragmatische Absicht

Dieses Buch ist in der ausdrücklichen Absicht verfaßt, Lehrern und allen lehrend Tätigen für ihre alltägliche Praxis Hilfen zur Verfügung zu stellen. Im besonderen: Lehrern aufzuzeigen, wie sie mit der täglichen Aufgabe fertig werden können, Lehre und Unterricht anschaulich zu gestalten. Diese »Einleitung« soll vor Augen führen, auf welche Weise die maßgeblichen Aussagen zustande gekommen sind, so daß sie ihrer Art und ihrer möglichen Wirkung nach eingeschätzt werden können. Denn die Reichweite von Aussagen hängt stets davon ab, auf welche Weise sie entwickelt worden sind.

So vermag der Leser von vornherein zu erkennen, ob er hier die gerade von ihm erwarteten Praxishinweise auch erhalten kann. Nach meinen Erfahrungen sind Lehrer oft enttäuscht, weil sie Hinweise ganz anderer Art erwartet haben, als sie einem Autor – auf Grund seiner Vorgehensweise – zu geben möglich sind. Wenn ich Praxishinweise verspreche, so schränke auch ich hier gleich eingangs ein, daß sie Lehrern bloß in spezifischer Weise zu helfen vermögen, ja ausdrücklich bloß auf bestimmte Weise helfen sollen. Noch einmal: Die Einschränkungen folgen aus der Art meines Vorgehens bei der Untersuchung. Diese aber habe ich besonders deshalb gewählt, weil ich von einem für mich ganz konkreten Lehrerbild ausging, d. h. von Vorstellungen darüber, was einen Lehrer zum Lehrer macht. *Vorgehensweise* und *Lehrerbild* sind nunmehr darzustellen.

Didaktik, ob sie nun als umfassender Entwurf einer Allgemeinen Didaktik oder – wie hier – als Einzelstudie, zu einem begrenzten didaktischen Problembereich – hier Anschauungsunterricht – auftritt, erweist sich nur als Didaktik, wenn sie tatsächlich bis zu Praxisanleitungen durchstößt. Es kann und will wohl auch niemand hinter die seinerzeit von E.WENIGER getroffene Feststellung zurück, Didaktik sei Handlungstheorie, sei »aus der Praxis für die Praxis« zu entwickeln (vgl. E. WENIGER, Die Theorie der Bildungsinhalte, in: Handbuch der Pädagogik, hrsg. v. NOHL u. PALLAT, Bd. 3, Allgemeine Didaktik und Erziehungslehre, Langensalza 1930, S. 3-35). Didaktik ist also sui generis pragmatisch; und so ist auch diese Studie in *pragmatischer Absicht* entstanden. Doch alle wegen pragmatischer Absichten gemachten Handlungsanweisungen stehen auf tönernen Füßen, wenn sie nicht gerechtfertigt sind. Es ist ein weiteres Zeichen wissenschaftlichen didaktischen Denkens, daß es nicht bloß blindes Handeln anstrebt, sondern immer auf gerechtfertigtes Handeln aus ist, so daß sich der didaktischen Theoriebildung immer auch die Aufgabe der Legitimation stellt. Eben solche *legitimatorischen Gedanken,* durch die alle gemachten Handlungsvorschläge gerechtfertigt werden können, enthält auch diese Studie. Allerdings werden diese pädagogisch nicht so weit geführt, wie dies in der Allgemeinen Didaktik üblich ist. Es wird nicht nach generellen Zielsetzungen didaktischer Prozesse – Bildung? Handlungsfähigkeit? – gefragt. Um die Untersuchung nicht ausufern zu lassen, wird kurzerhand Lernen als Zweck allen Unterrichts angesehen. Wer darüber hinausgehen will, kann das durchaus, indem er Lernen anderen weitergreifenden pädagogischen Zielsetzungen unterordnet und auf solche Weise auch die hier angestellten Gedanken dem dann unterordnet. Und letztlich sollte eine auf vollständige Information ausgerichtete didaktische Studie auch noch darstellen, nach welchem wissenschaftlichen Verständnis sie zustande gekommen ist, damit – wie oben ausgeführt – alle ihre Aussagen entsprechend eingeschätzt werden können. Auch hier soll demnach das gewählte *Paradigma* vorgestellt werden (vgl. zur Struktur didaktischer Theoriebildung W. H. PETERSSEN, Lehrbuch Allgemeine Didaktik, 4. überarb. u. erw. Aufl., München 1994, S. 26 ff.).

Mir erschien für die Absicht, die Praxis anschaulichen Unterrichtens zu erhellen, kein Verfahren so gut geeignet zu sein wie jenes, von *maßgeblichen alltäglichen Phänomenen auszugehen und sie auf ihre inneren Strukturen hin zu analysieren.* Diese Art ganz und gar geisteswissenschaftlichen Zugriffs auf die didaktische Wirklichkeit bezeichnet man am besten als *strukturtheoretische Untersuchung.* Strukturtheoretisches Denken ist im Anschluß an Anfänge bei SCHLEIERMACHER über Ausformungen bei DILTHEY und Umsetzungen bei KRUEGER, in der Ganzheitspsychologie der zweiten »Leipziger Schule« sowie Anwendungen in einzelnen Studien geisteswissenschaftlicher Pädagogen, z. B. G. REICHWEIN, eher unbemerkt in die Gegenwart übernommen worden (vgl. dazu W. H. PETERSSEN, Didaktik als Strukturtheorie des Lehrens und Lernens, Ratingen, Kastellaun, Düsseldorf 1973, bes. S. 10 ff.).

Von *Strukturen* zu sprechen, meint: Man unterscheidet deutlich zwischen den Erscheinungen in der didaktischen Wirklichkeit und den diesen zugrunde liegenden Strukturen. Erscheinungen sind wahrnehmbar, Strukturen müssen aus den Erscheinungen erschlossen, in ihnen und durch sie erhellt und transparent gemacht werden. Was beide vor allem noch unterscheidet:
- Erscheinungen sind vereinzelt, treten singulär auf; Strukturen hingegen bilden ein Gefüge, hängen zusammen.
- Erscheinungen sind von bloß kurzer Dauer und vergehen; Strukturen aber sind dauerhaft und überdauern.

Strukturen können als ein den Erscheinungen unterliegendes Bedingungsgefüge begriffen werden.

Strukturtheoretisches Bemühen richtet sich demnach darauf, für den je untersuchten Bereich durch die dort herrschenden Erscheinungen durchzustoßen und das ihnen allen unterliegende Bedingungsgefüge aufzudecken. Hier geht es also darum, erstens jene Bedingungen aufzudecken, die allem anschaulichen Unterricht zugrunde liegen, sie in ihrem Zusammenhang vorzustellen und zweitens daraus Vorschläge für anschauliches Unterrichten zu entwickeln. Die erste Aufgabe liegt im legitimatorischen Auftrag der Didaktik; die Bedingungen nach Art und Zusammenhang zu kennen, die dem anschaulichen Unterricht unterliegen, kann bestimmtes didaktisches Handeln in diesem Bereich rechtfertigen. Die zweite Aufgabe erweist sich als der pragmatische Auftrag der Didaktik.

Um das Bedingungsgefüge anschaulichen Unterrichts bloßzulegen, dies aber zugleich so elementar und einfach, daß im Anschluß daran auch praktikable Handlungsaussagen daraus geschlossen werden können, wird hier vom
- *Unterricht als einem Ort*
  intentionalen,
  institutionalisierten und
  organisierten Lernens ausgegangen.

Solches Lernen, so wird weiterhin im Anschluß an bekannte didaktische Modelle und psychologische Lerntheorien angenommen, ist stets gebunden an
- *Lerninteresse,*
- *Begreifen* und
- *Behalten* auf seiten der Schüler.

Um solches Lernen nun erfolgreich zu gestalten, wird anschaulich unterrichtet, weil – so kann auf Grund von Funktionsanalysen weitergedacht werden – Anschauung dazu dient:
bei Schülern
- das *Lerninteresse zu erwecken und aufrecht zu erhalten,*
- das *Begreifen zu ermöglichen und zu erleichtern* sowie
- das *Behalten zu fördern.*

Für den Schulunterricht, und um diesen geht es hier vor allem, hat man im Verlaufe vieler Jahrhunderte nicht bloß Anschauung betrieben, sondern hierfür besondere Mittel entwickelt und immer mehr verfeinert, die *Anschauungsmittel*. Sie übernehmen die Anschauungsfunktion, d. h. sie erwecken und erhalten das Lerninteresse der Schüler, sie ermöglichen und erleichtern Schülern das Begreifen und fördern auch das Behalten. Lehrern stellen sich im Hinblick auf die Gestaltung anschaulichen Unterrichts besonders zwei Aufgaben, die Auswahl aus vorfindbaren Anschauungsmitteln sowie die Herstellung neuer Anschauungsmittel.

Wie werden Lehrer mit diesen Aufgaben fertig? Wie sollten sie damit fertig werden? Welche Hilfen kann man ihnen hierfür vorgeben? Durch die Intensivanalyse der oben aufgeführten Funktionen – vor dem Hintergrund alltäglichen Unterrichts und anhand einfacher Beispiele sowie durch die Einbringung von Befunden aus empirisch-analytischen Untersuchungen – gelangt man zu Kriterien für Auswahl und Einsatz von Anschauungsmitteln, und zwar im einzelnen:
- Anschauung zur Erweckung und Aufrechterhaltung von Lerninteresse ist vor allem von ihrer *Attraktivität* und *Eindeutigkeit* abhängig;

- Anschauung zur Ermöglichung und Erleichterung des Begreifens ist vor allem von ihrer *Isomorphie* und *Validität* abhängig;
- Anschauung zur Förderung des Behaltens ist vor allem von ihrer *aktivierenden Kraft* abhängig.

Hieraus lassen sich nunmehr Prinzipien für didaktisches Handeln ableiten. Denn wer einen diesen Kriterien entsprechenden Unterricht gewährleisten möchte, muß entsprechend entscheiden und handeln. Er muß Anschauung im einzelnen so vorsehen und gestalten, daß sie – durch welche Mittel auch immer – :
- *attraktiv* und *eindeutig,*
- *isomorph* und *valide* sowie
- *aktivierend* ist.

Und hier gelangen wir auch an die Grenzen der pragmatischen Aussagekraft strukturtheoretisch bestimmter didaktischer Theoriebildung: Ihre Handlungsanweisungen für den alltäglichen Unterricht können und wollen nicht mehr sein als *Handlungsprinzipien*. Machen wir uns das noch einmal klar. Rezepte für den Unterricht können nicht erstellt und ausgeteilt werden. Rezepte würden genau sagen, was zu tun wäre, wobei immer für jeden einzelnen Fall auch eine passende Lösung angegeben würde: *Wenn ..., dann tue man ...!* Um zu solchen Rezepten zu gelangen, müßte man sich logischerweise auf der Ebene von Erscheinungen bewegen. Denn Erscheinungen des Unterrichts wären die einzelnen Fälle, für die man Lösungsanweisungen anbieten würde: *Wenn Schüler eines 2. Schuljahres im Fach »Heimat- und Sachkunde« die heimischen Apfelsorten kennenlernen sollen und ..., dann ...!* Strukturtheoretisches Denken bewegt sich aber auf der Ebene der Bedingungen, kann daher auch nur zu Aussagen über Bedingungen führen: *Wo es darum geht einen Lerninhalt sachgerecht erfassen zu lassen, da muß das zur Anschauung eingesetzte Mittel die intendierte Sache isomorph und eindeutig vor die Sinne der Schüler führen!* Am einzelnen Lehrer liegt es dann, für die je besondere Unterrichtssituation *Isomorphie* und *Eindeutigkeit* fest- oder herzustellen.

Didaktische Handlungsprinzipien sagen dem Lehrer nicht unmittelbar, was er zu tun hat! Didaktische Handlungsprinzipien sagen dem Lehrer vielmehr, was er zu denken hat, bevor er zu handeln beginnen kann! Ihrem Charakter nach handelt es sich bei didaktischen Prinzipien um solche *regulativer* Art. Sie wirken im professionellen didaktischen Denken des Lehrers als Regulative: *Entspricht das, was ich zu tun gedenke, dem Prinzip ...? Ist das, was ich jetzt gerade tue, prinzipiengerecht? War das, was dort geschah, eigentlich im Sinne des Prinzips ...?*

――――― **Beispiel** ―――――――――――――――――――
... Für die Anschauung der Apfelsorten will ich einen Korb voller Äpfel aus den Plantagen der Gegend sammeln und mitnehmen, vor den Kindern am Beginn der Stunde ausschütten. Weckt das tatsächlich das Lerninteresse, ist der Korb voller

Äpfel ausgeschüttet, attraktiv für die Kinder meiner Klasse? Und: Lenkt das ihr Interesse tatsächlich auf die »Namen der heimischen Apfelsorten«? Gäbe es möglicherweise ein anderes Mittel, das sich als attraktiver erweisen könnte? Was muß ich zusätzlich tun, damit die Schüler auch tatsächlich lernen, was sie lernen sollen? Muß ich bestimmte Aufgabenanweisungen hinzufügen? Mündlich? Schriftlich an der Tafel? ...

Strukturtheoretische Didaktik kann bloß Handlungsanweisungen in Form von Handlungsprinzipien unterbreiten. Sie würde die selbstgezogenen Grenzen ihres wissenschaftlichen Arbeitens überschreiten, wollte sie mehr als Prinzipien – und deren Voraussetzungen – für das Handeln vorgeben. Ihre Aussagen haben jedoch den Vorteil, daß sie nicht isoliert gemacht werden, sondern in ein Gefüge eingebettet sind, das letztlich den gesamten Unterricht in das didaktische Denken und auch Handeln einbezieht. Das wirkt einer möglichen Desintegration didaktischen Denkens, von allen Didaktikern gefürchtet, entgegen. Beispielsweise: Zieldenken und Mitteldenken, wie hier bei anschaulichem Unterrichten, gehören zwangsläufig zusammen.

Daß sich Unterrichtsrezepte auch aus Gründen der Situativität allen Unterrichts verbieten, ist Kerngedanke aller gegenwärtigen allgemeindidaktischen Ansätze. So hat vor allem P. HEIMANN im Zusammenhang mit dem von ihm entwickelten »Berliner Modell« darauf hingewiesen, daß Unterricht wegen seiner großen Faktorenkomplexität und der durch die Menschen bedingten Spontaneität aller Verläufe ein je situatives und simultanes Theoriedenken bedarf (vgl. P. HEIMANN, Didaktik als Theorie und Lehre, in: Die Deutsche Schule, 54. Jg. 1962, S. 407 ff.). Lehrer mögen – zumindest gelegentlich – nach Rezepten rufen, das ist bei der Anstrengung des Berufs auch durchaus verständlich, doch von didaktischer Theorie sind diese nicht zu erhalten. Lehrer sollten sich aus der Theorie die Prinzipien ihres alltäglichen Handelns aneignen und ihre Entscheidungen und ihr Handeln nach diesen *vor Ort* ausrichten.

Zugegeben, das ist oftmals viel verlangt. Doch zum einen – und dem waren die letzten Ausführungen gewidmet – entspricht dies der *Wirklichkeit Unterricht,* in dessen Gestaltung Lehrer entscheidend und handelnd einzugreifen haben. Zum zweiten aber entspricht dies dem *Lehrerbild,* das hier – und wohl nicht nur von mir – vertreten wird. Weil bloß Lehrer vor Ort und in Kenntnis der Situation die letztwirksamen Entscheidungen über Unterricht treffen können, wird alles versucht, sie auch dazu instand zu setzen. Lehrer sind, im Unterschied zu vielen anderen, die auch damit zu tun haben, »Profis« des Unterrichts und Unterrichtens. Und das heißt, nach einem seinerzeitigen Verlangen von S. B. ROBINSOHN: »Lehrer müssen fähig sein, ihre alltäglichen Probleme rational begründbaren Lösungen näherzubringen!« (vgl. S. B. ROBINSOHN, Modell einer pädagogischen Fakultät, in: DIE ZEIT, Hamburg 1968, Nr. 4 u. 5). Von einem derartigen Lehrer gehe auch ich hier aus: *Ich sehe den Lehrer als jenen, der imstande ist, sein unterrichtsbezogenes Denken und Handeln an begründeten Prinzipien auszurichten,* und zwar dergestalt, daß er alle Unterrichtssituationen an denselben, wiederholbaren Prinzipien ausrichtet. Dann wäre doch – so könnte man nun durchaus feststellen – für den hier untersuchten Bereich des anschaulichen Unterrichts alles geklärt – oder? Es liegen schließlich Prinzipien vor, die von jedem in ihrer Genese rational nachvollzogen werden können und die wohl auch so elementar gefaßt und verständlich formuliert sind, daß Lehrer sie täglich in ihr didaktisches Denken einbeziehen können. Daß sie weitergedacht und in sich differenzierter aufgegliedert werden können, versteht sich bei strukturtheoretischem Denken von selbst. Strukturen werden zwar als dauerhaft begriffen, sind aber ständigem Wandel unterworfen.

Nun, eines fehlt noch, und dies markiert die Grenze nicht nur strukturtheoretischer, sondern wissenschaftlicher Didaktik schlechthin. Wenn Lehrer tatsächlich so autonom sein sollen, so eigenständig Unterrichtssituationen analysieren und gestalten sollen, wie hier angenommen – und gefordert – wird, dann bedarf es bei ihnen zusätzlich zu den Handlungsprinzipien eines umfassenden und präzisen Hypothesenwissens, umgangssprachlich als Faktenwissen bezeichnet. Prinzipien lassen sich nun einmal nur situationsgerecht umsetzen, wenn man so weit wie möglich alles für die Analyse und für die Gestaltung der Situation erforderliche Wissen besitzt und einbringen kann. Es wäre – zumindest gedanklich durchgespielt – sicher auch möglich gewesen, eine Sammlung solchen Wissens vorzunehmen, doch würde das zu einem unhandlichen und wirkungslosen Wälzer geführt haben. Hier wurde statt dessen vorgezogen, Lehrern das dauerhafte und übergreifende Gerüst didaktischen Denkens und Handelns zu entwickeln, das auf die jeweilige Situation angelegt werden kann, wobei aber diese selbst der autonomen Entscheidung von Lehrern überlassen bleibt. Eingestanden: Didaktischer Optimismus.

Zum Schluß eine tröstliche Feststellung (die übrigens auch in die oben wiedergegebene Forderung ROBINSOHNs eingegangen ist): Didaktische Prinzipien werden nicht aufgestellt, damit sie bedingungslos und vollständig erfüllt werden; sie sind von Menschen für Menschen erstellt und verlangen nicht mehr, als daß Lehrer sich bemühen, ihr alltägliches Geschäft annäherungsweise ihnen anzugleichen. *Im Bemühen um rationale Begründung seiner Entscheidungen für anschauliches Unterrichten zeigt sich für mich der gute Lehrer.*

Weingarten, im September 1994 *Wilhelm H. Peterßen*

2 Anschaulich unterrichten: Warum?

Vorbemerkungen

Auf die Frage, warum Unterricht anschaulich zu sein habe, finden sich in der didaktischen Literatur zahlreiche Antworten. Kennzeichnend für die meisten dieser Antworten ist, daß unter Anschauung eine Funktion des Unterrichts verstanden wird – gelegentlich auch mehrere – und daß Hinweise für eine bestmögliche Ausnützung bzw. Ausgestaltung dieser Funktion gegeben werden. Ohne alle strukturelle Erörterung des Anschauungsproblems wird gleich auf das didaktische Tagesgeschäft eingegangen.
Im Unterschied hierzu will Ihnen dieses Kapitel Anschauung als eine zweifache Aufgabe vor Augen führen. Einerseits soll Anschauung als ein *konstitutives Moment von Unterricht* ausgewiesen werden. Für Sie als Lehrer bedeutet dies, daß Anschauung nicht in Ihr Belieben gestellt ist, d. h. Sie können nicht darüber entscheiden, ob Sie einen Unterricht anschaulich gestalten wollen oder nicht. Unterricht ist per se anschaulich. Andererseits aber soll neben der konstitutiven Bedeutung von Anschauung für den Unterricht auch deutlich gemacht werden, daß Anschauung für Sie als Lehrer ein *regulatives didaktisches Prinzip* meint. Für Sie stellt sich angesichts der Tatsache, daß Unterricht ohne Anschauung gar nicht möglich ist, immer auch die Aufgabe, darüber zu entscheiden, welcher besonderen Art die Anschauung in einem bestimmten Unterricht sein soll.

In diesem Kapitel soll nicht schon nach Maßstäben für die Gestaltung der Anschaulichkeit von Unterricht gefragt werden, sondern es sollen die – über die konstitutive hinaus weiteren offensichtlichen Funktionen von Anschauung im Unterricht offengelegt werden. Unter Rückgriff auf vorliegende Erörterungen werden dabei folgende Funktionen von Anschauung angenommen:
- die *Steigerung des Lerninteresses,*
- die *Erleichterung des Begreifens,*
- die *Förderung des Behaltens.*

2.1 Es gibt keinen Unterricht ohne Anschauung

2.1.1 Erinnerungen an Unterricht

Es wurde schon angekündigt, Sie zunächst die unabdingbare Verknüpfung von Anschauung und Unterricht einsehen zu lassen. Sie mögen jetzt Zweifel darüber hegen. Diese können und sollen nicht einfach »wegbefohlen werden«. Vor aller Überzeugung durch Argumentation soll Ihre eigene Erinnerung an Unterricht genutzt werden. Bitte befassen Sie sich daher mit folgenden zwei Aufgaben.

―――― **Aufgabe 1** ――――――――――――――――――――――――――

Erinnern Sie sich bitte an Unterricht, wie Sie ihn bisher erlebt haben – als Praktikant, als Lehrer oder als Schüler – und schreiben Sie für verschiedene Erinnerungen nieder, welche Anschauungen Sie behalten haben!

―――

Ich bin sicher, Sie haben Erinnerungen und konnten Anschauungen stichwortartig beschreiben. Wahrscheinlich haben Sie dabei Erinnerungen an solchen Unterricht niedergeschrieben, in dem besonders herausragende Formen von Anschauung eine Rolle spielten, möglicherweise ein bestimmter Film, ein besonderes Modell, eine Exkursion in eine Ausstellung o. ä. Auf jeden Fall war es Ihnen möglich, vor aller ausführlichen Begriffsbeschreibung die Bezeichnung »Anschauung« auf Ihre Erinnerungen anzuwenden.

―――― **Aufgabe 2** ――――――――――――――――――――――――――

Sollten Sie der Auffassung sein, Sie hätten auch schon Unterricht ohne Anschauung erlebt, so versuchen Sie bitte, Ihre Erinnerungen daran kurz und stichwortartig niederzuschreiben!

―――

Haben Sie etwas niedergeschrieben? Wenn dies nicht der Fall ist, dann haben Sie offensichtlich keine Erinnerungen an anschauungslosen Unterricht. Möglicherweise sind Sie dann auch schon fast davon überzeugt, daß es anschauungslosen Unterricht in der Tat nicht geben kann. Wenn Sie aber doch etwas niedergeschrieben haben, was haben Sie dann eigentlich notiert? Ist es ein Beispiel einer Anschauung, die Ihnen nicht gefallen hat? Oder ist es ein Beispiel einer zweifellos ungeeigneten Anschauung? Oder haben Sie das Beispiel eines Unterrichtsverlaufs skizziert, in dem keine besonderen ins Auge fallenden Anschauungsmittel eingesetzt waren, in dem allenfalls gesprochen, geschrieben oder gelesen wurde? Überdenken Sie doch Ihre Antwort noch einmal, ob nicht tatsächlich auch darin eine Anschauung steckt, ob Sie nicht vielleicht bloß eine in Ihren Augen mißglückte Anschauung o. ä. als »keine« Anschauung bezeichnet haben.

Wenn Sie immer noch Zweifel daran haben, daß Unterricht ohne Anschauung nicht möglich sei, dann lesen Sie einfach weiter. Spätestens bei der Erörterung des Zusammenhangs von Anschauung und Erfahrung und der Bestimmung des Erfahrungsbegriffs sollten allerdings diese Zweifel behoben sein.

2.1.2 Unterricht ist ein Ort des Lernens

Selbstverständlich müßte man zur Beschreibung der Funktion von Unterricht mehrere Gesichtspunkte berücksichtigen, den anthropologischen, den soziologischen, den pädagogischen und weitere. Man müßte Unterricht als das zentrale Geschehen der Schule aus einer Schultheorie heraus erläutern, man müßte auf seine Bedeutung für Erziehung und Bildung eingehen. Aber all dies würde uns in unserer besonderen Absicht nicht weiterführen. Wir reduzieren die Komplexität des Unterrichts, indem wir die allgemein anerkannte Formel aufgreifen, daß Unterricht einen *Ort des Lernens* bezeichnet.

In dieser Formel kommt vor allem zweierlei zum Ausdruck:
1. Unterricht wird als ein *Ort des Lernens* aufgefaßt, eingerichtet, um Kinder lernen zu lassen bzw. sie sogar ausdrücklich zum Lernen zu veranlassen. Alle didaktische Arbeit des Lehrers ist darauf ausgerichtet, Kindern das Lernen zu ermöglichen, wobei er zahlreiche unterschiedliche Mittel zur Gestaltung und Steuerung einsetzen kann, um das Lernen erfolgreich werden zu lassen.
2. Unterricht wird nur als *ein Ort* des Lernens aufgefaßt, neben dem es zahlreiche andere Lernorte gibt. Gelernt wird beispielsweise zu Hause und auf der Straße, durch Spiel und durch Umgang mit Menschen etc. Man unterscheidet zwischen *funktionalem* Lernen und *intentionalem* Lernen. Während funktionales Lernen unbeabsichtigt und gleichsam im Vollzug des Lebens geschieht, bezeichnet intentionales Lernen alle absichtsvoll und zielgerichtet herbeigeführten Lernvollzüge. Und Unterricht ist zweifellos ein Ort solchen intentionalen Lernens; in ihm bzw. durch ihn geschieht Lernen zweckgerichtet, planvoll und regelmäßig.

Festzuhalten bleibt, daß Unterricht auf jeden Fall ein Lernort ist. Lernen ist jener Vorgang, für den Unterricht ausdrücklich eingerichtet worden ist. Lernen gilt es herbeizuführen. Mithin müssen wir uns jetzt mit dem *Lernen* näher befassen, um Stellung und Funktion von Anschauung im Unterricht durchsichtig zu machen.

2.1.3 Lernen ist immer an Erfahrung gebunden

In der weitesten allgemein anerkannten Formulierung läßt sich über »Lernen« sagen:
– Lernen ist ein Vorgang, bei dem es aufgrund von Erfahrungen zu einer verhältnismäßig dauerhaften Veränderung menschlicher Verhaltensdispositionen kommt.*

Machen wir uns den Kern dieser Aussage an einem einfachen Beispiel etwas deutlicher:

——— **Beispiel** ————————————————————
Ein Kind weiß bisher nicht, wie Essig schmeckt, daß Essig sauer ist und im Munde brennt. Es hat somit auch noch nicht die Disposition zu jenem Verhalten, durch das es sich bewußt dem Essig fernhält, den Essig vermeidet und nicht trinkt. Es hängt mehr oder weniger vom Zufall ab, ob dieses Kind auf Essig stößt und diesen trinkt oder nicht. Macht es aber jetzt tatsächlich – ob zufällig oder

---
* Wenn Sie sich mit dieser Auffassung näher befassen wollen, empfehle ich Ihnen: H. SKOWRONEK, Lernen und Lernfähigkeit, 2. Aufl., München 1970

nicht, spielt keine Rolle – die Erfahrung, daß Essig im Munde brennt, so bildet sich in ihm vermutlich die dauerhafte Disposition zu einer Art Vermeidungsverhalten hinsichtlich des Essigs. Das heißt es wird alles tun, um keinen Essig zu trinken, möglicherweise sogar ausgefeilte Strategien hierfür entwickeln oder auch bloß bei entsprechenden Gelegenheiten keinen Essig trinken.

Über das Kind aus unserem Beispiel können wir sagen: es hat etwas gelernt, es hat gelernt, daß Essig im Munde brennt, und es kann sich künftig angepaßt verhalten. Was für unsere Erörterung vor allem wichtig ist: *das Kind hat durch Erfahrung gelernt.* Nur im Hinblick auf solche Veränderungen sprechen wir von Lernen, die auf Erfahrungen basieren. Bevor der Erfahrungsbegriff selbst näher erörtert wird, sollen andere als auf Erfahrungen beruhende Veränderungen menschlicher Verhaltensdispositionen, für die nicht von Lernen gesprochen wird, erläutert werden.

Hierfür am besten zunächst zwei Beispiele, d. h. Beispiele für Veränderungen, die nicht durch Lernen zustande kommen:
– Wo jemand sich durch einen Sturz ein Bein bricht und sich dann dementsprechend verhält, nämlich humpelt und hinkt, nicht rennt und nicht springt usw., da sprechen wir für sein verändertes Verhalten nicht von einem Lernvorgang. Er ist durch eine äußere Zwangseinwirkung zu seinem veränderten Verhalten gekommen.
– Wo ein Junge in der Pubertät in den Stimmbruch gelangt, da verändert sich deutlich wahrnehmbar sein Verhalten. Er spricht plötzlich ganz anders als vorher. Aber auch hier kann nicht vom veränderten Verhalten als einem Lernergebnis die Rede sein. Ursache der Veränderung ist der Reifungsvorgang, ist nicht die Erfahrung, sondern sind innerlich angelegte Reifefaktoren.

Wo Veränderungen von Menschen beispielsweise auf Zwangseinwirkungen, Reifungsvorgänge und auf Drogen zurückzuführen sind, wird nicht von Lernen gesprochen. Allein die auf Erfahrung zurückgehende Veränderung wird als Lernen begriffen.
Sie werden nun möglicherweise sagen wollen, daß unser Beispiel *(Kind und Essig)* zwar von Erfahrungen spricht, die zur Verhaltensänderung geführt haben, daß aber die Art der gemachten Erfahrung in keiner Weise näher beschrieben ist. Dies stimmt in der Tat. Was heißt hier Erfahrung? Am besten beantworten wir dies wieder von einer Aufgabe aus.

―――― **Aufgabe** ――――
Skizzieren Sie bitte einige Möglichkeiten, wie Ihrer Meinung nach das Kind die Erfahrung gemacht haben könnte, daß Essig sauer und unangenehm schmeckt und im Munde brennt!

Sie werden jetzt möglicherweise höchst unterschiedliche »Erfahrungen« skizziert haben. Vielleicht haben Sie u. a. aufgeführt:
- Das Kind greift zur Essigflasche, trinkt, spürt ein Brennen im Mund, spuckt aus...
- Das Kind tunkt seinen Finger in eine Salatschüssel, in die seine Mutter gerade Essig gegossen hat, leckt den Finger ab, spürt Brennen im Mund...

Beide Beispiele stimmen darin überein, daß dieses Kind seine Erfahrung mit Essig in unmittelbarem Umgang mit Essig gemacht hat. Es hat seine Erfahrung am eigenen Leibe gemacht. Man spricht in diesem Fall von *Primärerfahrung*.
Aber es gibt auch *Sekundärerfahrungen*. Es gibt Erfahrungen, die man nicht am eigenen Leibe, nicht unmittelbar, sondern bloß mittelbar macht, gleichsam Erfahrungen aus zweiter Hand. Unter Umständen haben Sie ja auch für diese Art von Erfahrungen Beispiele aufgeführt, vielleicht:
- Das Kind erhält von der Mutter, die sieht, daß es zur Essigflasche greifen will, den Hinweis, daß darin Essig ist und daß dieser sauer und unangenehm schmeckt und im Munde sehr brennt.

In der Umgangssprache wird diese Erfahrung – hier als Sekundärerfahrung bezeichnete – oft nicht als solche bezeichnet. Umgangssprachlich meint Erfahrung in der Regel bloß die unmittelbaren und primären Erfahrungen. Aber auch hier handelt es sich um Erfahrung, in unserem Fall um eine Erfahrung, die das Kind nicht unmittelbar macht, sondern bloß mittelbar. Die Aussage der Mutter über Geschmack und Auswirkung von Essig nimmt das Kind als zutreffend hin. Und es entwickelt eine dauerhafte entsprechende Disposition, die sich von der in unserem obigen Beispiel in keiner Weise unterscheidet.

Machen wir uns dies noch auf eine andere Weise deutlich. Statt von Erfahrung ist auch oft von »Auseinandersetzung mit der Umwelt« die Rede. Erfahrung als Begriff bezeichnet sowohl einen Vorgang als auch ein Ergebnis. Mit Erfahrung wird zugleich der Vorgang bezeichnet, der den Zustand herbeiführt, von dem auch als Erfahrung gesprochen wird. Was nun den Vorgang betrifft, so wird eben dieser auch als ein Vorgang der Auseinandersetzung mit der Umwelt bezeichnet. Das Kind aus unserem Beispiel hat sich auf durchaus unterschiedliche Art und Weise mit der Umwelt, hier mit dem Essig, auseinandersetzen können. Es hat dies unmittelbar tun können, also den Essig selbst auf der Zunge schmecken können. Es hat dies mittelbar tun können, also durch einen Hinweis der Mutter. Im letzteren Fall ist die Auseinandersetzung mit der Umwelt vermittelt worden, vermittelt durch die Worte der Mutter.
Für die Auswirkung dieses Erfahrungsvorgangs auf die Veränderung von Verhaltensdispositionen und weiter auf das tatsächliche Ausdrucksverhalten spielt es grundsätzlich keine Rolle, ob es sich um Primär- oder Sekundärerfahrungen handelt. Was allerdings bei Sekundärerfahrungen vorausgesetzt wird, ist die Rückführung der dabei zur Vermittlung eingesetzten »Zwischenstücke« auf früher ge-

machte Primärerfahrungen. So muß das Kind aus unserem Beispiel den Begriff »sauer« kennen, damit dieser Begriff, dieses Wort ihm die spezifische Erfahrung des Essigs – als sauer schmeckend – vermittelt. Nur wenn es dieses Wort »sauer« benutzen und mit einer entsprechenden Vorstellung verbinden kann, um sich den Geschmack des Essigs daraus zu erschließen, kann die Sekundärerfahrung lernwirksam werden, d. h. seine Verhaltensdisposition nachdrücklich beeinflussen und verändern.

Halten wir fest:
- Nur Veränderungen menschlicher Verhaltensdispositionen, die auf Erfahrungen zurückgehen, werden als Lernen aufgefaßt.
- Erfahrungen gehen auf Auseinandersetzungen mit der Umwelt zurück. Diese Auseinandersetzungen können unmittelbarer oder mittelbarer Art sein. Je nachdem spricht man von Primär- oder Sekundärerfahrung.
- Erfahrungen können auf durchaus unterschiedliche Weise gemacht werden. Für das Lernen ist es zunächst grundsätzlich nicht von Bedeutung, ob Erfahrungen unmittelbarer oder mittelbarer Art sind.

2.1.4 Erfahrungen sind auf Anschauungen angewiesen

Erinnern wir uns daran, daß wir nach wie vor der Behauptung nachgehen, Unterricht ohne Anschauung sei nicht möglich. Da Unterricht sich uns wesentlich als ein für Lernvorgänge eingerichteter Ort erwies, Lernen sich wiederum als nur durch Erfahrung möglich herausstellte, müssen wir jetzt den Zusammenhang von Erfahrung und Anschauung aufspüren.

Dazu gehen wir wieder von einem einfachen Beispiel aus:

Beispiel

Nehmen wir an, Hans war mit seiner Mutter auf dem Wochenmarkt. Unter anderem kaufte die Mutter Äpfel, und Hans sah sich währenddessen die am Stand ausgestellten und namentlich ausgezeichneten Früchte an, darunter auch die grell grünen Granny-Smith-Äpfel.

Während des Sachunterrichts der folgenden Tage kommt der Lehrer auch auf Äpfel zu sprechen und fragt dabei ebenfalls, wer ihm sagen könnte, welche besondere Farbe der Granny-Smith-Apfel habe. Darauf antwortet Hans: »Der Granny-Smith-Apfel ist grün.«

Soweit unser Beispiel.

Nun die erste Frage: *Was geschieht hier?*
- Hans sagt: »Der Granny-Smith-Apfel ist grün.«
  Dies ist sein allseits beobachtbares Ausdrucksverhalten, das er verwirklichen kann, weil er weiß, daß »der Apfel grün ist«.
  Dies Wissen ist seine besondere Verhaltensdisposition, die er erworben hat.

Die zweite Frage: *Wie kam es dazu?*
- Hans hat auf dem Wochenmarktstand Granny-Smith-Äpfel gesehen, sie waren als solche mit einem Namensschild gekennzeichnet; und er sah auch ihre grüne Farbe. Er hat die Erfahrung gemacht (Vorgang) und gewonnen (Ergebnis), daß Granny-Smith-Äpfel grün sind. Durch diese Erfahrung hat sich seine diesbezügliche Disposition geändert; er weiß nun, was er vorher nicht wußte (vom Nicht-Wissen zum Wissen). Er hat also gelernt, daß Granny-Smith-Äpfel grün sind.

Und die weitere Frage: *Wie war dies möglich?*
Versuchen wir hierauf bewußt einfach zu antworten.
- Hans hat die besondere Erfahrung, daß Granny-Smith-Äpfel grün sind, durch die Auseinandersetzung mit eben der Tatsache, daß sie grün sind, gewonnen. Er hat den Apfel gesehen. Und hier deuten sich die Voraussetzungen der Erfahrung an: Da ist auf der einen Seite Hans, der den Apfel wahrnahm; und da ist auf der anderen Seite der Apfel, der – auch in seiner grünen Farbe – wahrnehmbar war. Die Erfahrung wurde letzten Endes nur möglich, weil einerseits Hans über eine Anschauungsfähigkeit verfügt, und andererseits der Apfel eine Anschauung war. Machen wir uns klar, daß die Fähigkeit auf seiten von Hans allein nicht ausgereicht hätte, um die Erfahrung zu machen und um so etwas zu lernen. Es mußte auch etwas zum Erfahren vorhanden sein, und zwar so, daß es erfahrbar wurde, daß es von Hans wahrgenommen werden konnte. Es mußte also eine Anschauung vorhanden sein, die der Fähigkeit zur Anschauung entsprach. Bei Hans entsprach seiner Fähigkeit zu sehen die visuell wahrnehmbare Farbe des Apfels.

Wir wiederholen: Ohne diese wahrnehmbare grüne Farbe hätte Hans niemals erfahren und lernen können, daß Granny-Smith-Äpfel grün sind. Allein daß eine Anschauung davon vorhanden war, machte dies möglich.
Ohne Anschauung macht und gewinnt man keine Erfahrungen, ist kein Lernen möglich.

───── **Aufgabe** ─────
Angenommen, der Lehrer will dem Apfel-Beispiel entsprechend Schülern die Farbe von Kirschen, Himbeeren und Stachelbeeren lehren. Was muß er tun?

Ich nehme an, daß Sie völlig richtig geantwortet haben: Er muß diese Früchte den Schülern vor Augen führen, sie die Früchte sehen lassen.

───── **Aufgabe** ─────
Angenommen, der Lehrer will auf die gleiche Art Schülern den Geschmack der Zitrone (sauer) lehren. Was muß er tun?

Die Antwort kann nur lauten: Er muß die Schüler in eine Zitrone beißen lassen! Denn die besondere Art der Auseinandersetzung mit der erfahrbaren Tatsache – hier: Farbe von Früchten, Geschmack der Zitrone – ist, daß sie am Gegenstand selbst geschieht. Die Schüler hätten selbstverständlich die Farben von Kirschen, Himbeeren und Stachelbeeren auch an stellvertretenden Mitteln für die realen Früchte anschauen können, z. B. an Farbfotos und farbigen Bildern. Die Frage nach der Effektivität einmal zurückgestellt, die Farben hätten auch auf solche Art gelernt werden können, wären auch auf solche Art unverfälscht anschaulich gemacht worden.

Was hier aber erneut sichtbar wird, ist die Tatsache, daß außer durch Primär- auch durch Sekundärerfahrungen gelernt werden kann. Worauf es ankommt, ist: *Es muß eine Anschauung von dem zu Lernenden gegeben sein.* Nun ist das Farb-Beispiel verhältnismäßig einfach und nachvollziehbar; die grüne Farbe zeigt nicht nur der Granny-Smith-Apfel selbst, sie wird auch durch Farbfotos usw. unverfälscht und anschaulich wiedergegeben und so erfahrbar.

Wie aber ist das mit der Erfahrung des sauren Geschmacks einer Zitrone? Ist die nicht bloß an einer Zitrone selbst möglich? Keineswegs: Auch der bloße sprachliche Hinweis des Lehrers »die Zitrone hat einen sehr sauren Geschmack« hätte genügt. Allerdings nur bei der Voraussetzung, daß das Wort »sauer« auch entsprechende Assoziationen im Schüler auszulösen vermag. Und dies wiederum kann nur der Fall sein, wenn der Schüler vorher bereits Anschauungen entsprechender Art gehabt hat, die im erneuten Vorgang wieder lebendig werden, wieder aufleben können.

Auf Fragen, die mit diesem komplizierten Vorgang zusammenhängen, soll erst an anderer Stelle eingegangen werden, z. B. bei der Erörterung des »Begreifens« und »Behaltens«.

Hier muß vor allem vor falschem Verständnis der bisherigen Beispiele gewarnt werden, vor allem davor, daß Anschauung immer nur von originalen Gegenständen geleistet werden könnte. Man braucht sich hier nur vor Augen zu führen, daß eine Anschauung des »Verbrennungsmotors« geleistet werden könnte durch:
– einen Motor in einem Fahrzeug,
– einen ausgebauten Motor,
– einen aufgeschnittenen Motor,
– ein verkleinertes Modell eines Motors,
– einen Film über einen Motor etc.

Die Beispiele müssen noch in einer weiteren Hinsicht klargestellt werden, obwohl gerade die Beispiele »grüne Farbe« und »saurer Geschmack« das von sich aus schon tun. Ohne daß dies an einer Stelle schon ausdrücklich gesagt worden wäre, dürfte wohl einsichtig geworden sein, daß Anschauung immer sinnliche Wahrnehmung meint, ob mittelbarer oder unmittelbarer Art sei dahingestellt. Und in diesem Zusammenhang hat sich seit langem – vor allem bei Praktikern oft vorgefunden – ein häufiges Mißverständnis eingeschlichen: Wohl wegen der entsprechenden Verwendung des Wortes »Anschauung« in der täglichen Umgangssprache wird Anschauung einseitig auf den Gesichtssinn, das Sehen, das Schauen mit dem Auge bezogen. Anschauung ist aber sinnliche Wahrnehmung in einem viel weiteren Umfang, ist sinnliche Wahrnehmung schlechthin, so wie sie dem Menschen über die ihm eigenen Sinne möglich ist. Anschauung ist nicht bloß Sehen, sondern im gleichen Maße Riechen, Hören, Schmecken und Tasten.

Aufgabe
Durch welche Empfindungen, Wahrnehmungen würden sich spontan die folgend aufgeführten Dinge erfahrbar werden lassen!?

Schnee – Nadel – Rose – Skulptur – Sinfonie

Sie haben sich jetzt sicher in aller Klarheit verständlich gemacht, daß Anschauung über alle Sinne möglich ist, daß sie gelegentlich auch über mehrere Sinne erfolgen kann, wie z. B. die »Skulptur« betrachtet und betastet, die »Rose« betrachtet, berochen und betastet werden kann.

Es gilt hier noch einem weiteren einseitig-falschen und verkürzten Verständnis von Anschauung vorzubeugen, wie es durch die bisherigen Beispiele u. U. ausgelöst sein könnte. Die Beispiele sind samt und sonders im Bereich kognitiver Verhaltensänderungen angesiedelt, d. h. im Bereich von Wissen und Kenntnissen. Ihnen ist bekannt, daß neben kognitivem noch »psycho-motorisches« und »affektives« Verhalten unterschieden werden. Für alle drei Verhaltensbereiche gilt, was hier über Anschauung gesagt wurde. Verhaltensänderungen bzw. Veränderungen von Verhaltensdispositionen sind letzten Endes immer an Anschauungen gebunden. Ob Veränderungen im kognitiven, psychomotorischen oder affektiven Bereich erfolgen, sie gehen immer auf Informationen zurück; und diese sind ausschließlich über Anschauungen erwerbbar. Dies gilt für die Technik des Hochsprungs – psycho-motorisches Beispiel – wie für die Tugend der Ehrlichkeit – affektives Beispiel.

2.1.5 Zusammenfassung

Sie sollten nunmehr eingesehen haben, daß Unterricht ohne Anschauung nicht möglich ist und daß unter Anschauung immer eine sinnliche Wahrnehmung zu verstehen ist. In diesem Kapitel wurde folgender Gedankengang dargestellt:
- *Erstens,* Sie können sich zwar an Unterricht erinnern, der Ihrer Auffassung nach eine mißglückte, fehlerhafte, unzulängliche Anschauung aufwies, aber an keinen Unterricht ohne Anschauung.
- *Zweitens,* Unterricht hat als Einrichtung der Gesellschaft zwar überaus komplexe und vielfältige Funktionen, dennoch läßt er sich vor allem als ein Ort beschreiben, der eingerichtet worden ist, um Schüler lernen zu lassen.

- *Drittens,* obwohl unterschiedliche Auffassungen über Lernen bestehen, wird von allen Seiten uneingeschränkt anerkannt, daß man unter Lernen ausschließlich Vorgänge begreift, die aufgrund von Erfahrungen zu veränderten Verhaltensdispositionen bei Menschen führen.
- *Viertens,* Erfahrung erweist sich einerseits nur als möglich, weil der Mensch über entsprechende Fähigkeiten – über die Anschauungsfähigkeit verfügt – andererseits nur als möglich, wenn Anschauungen von dem zu Erfahrenden vorhanden sind. Ohne Anschauungen gibt es keine Erfahrungen.

Aufgabe

Analysieren Sie bitte das folgende Beispiel und verwenden dabei die Kategorien »Unterricht«, »Lernen« mit »Verhaltensdisposition«, »Verhalten«, »Erfahrung« und »Anschauung« so genau wie möglich!

Beispiel

Der Lehrer entrollt vor den Schülern ein großes farbiges Foto einer Hainbuche im Winter und fordert die Kinder auf, dieses Foto intensiv zu betrachten. Er teilt ihnen mit, daß dieses Foto eine Hainbuche darstellt, und stellt anschließend Fragen, darunter auch die, was den Kindern ganz besonders auffällt. Edith antwortet hierauf: »Die Hainbuche trägt ihre vertrockneten Blätter auch im Winter.«

2.2 Anschauung und Lerninteresse

Vorbemerkungen

Bisher haben Sie erfahren, daß ohne Anschauung kein Unterricht denkbar ist, daß Anschauung zuallererst den Unterricht konstituiert und daß Sie – als Lehrer – dementsprechend um die Aufgabe der Anschauung nicht herumkommen. Wo aber liegen die Punkte, an der Ihre auf Anschauung bezogenen didaktischen Bemühungen anzusetzen haben? Das ist mit Sicherheit eine Ihrer Kernfragen. Und damit verbunden die weitere Frage: Wie kann Anschauung didaktisch sinnvoll gestaltet werden?

Im folgenden soll nun zunächst bloß der ersten Frage nachgegangen werden. Das heißt, es sollen die Punkte geortet werden, an denen sich die Anschauungs-Aufgabe des Lehrers im Unterricht konkretisiert. Es bleibt hier bei einer strukturellen Erörterung, die didaktische Funktionen von Anschauung im Unterricht transparent machen soll. Maßstäbe für Eingriffsmöglichkeiten durch Lehrer werden an späterer Stelle erörtert. Um an die anschauungsbezogenen didaktischen Aufgaben des Lehrers heranzukommen, wird auf die häufig genannten Funktionen von Anschauung im Unterricht zurückgegriffen. Dies sind:

- Steigerung des Lerninteresses,
- Erleichterung des Begreifens und
- Förderung des Behaltens.

Ihnen soll deutlich werden,
- daß Anschauungen diese Funktionen in jedem Unterricht erfüllen und
- wie diese mit dem Unterrichtsgeschehen grundsätzlich zusammenhängen.

Als erstes geht es um die Klärung von Anschauung und Lerninteresse.

2.2.1 Lerninteresse und Lernen

Die Bezeichnungen »Lerninteresse« und »Lernmotivation« werden hier – zunächst – weitgehend übereinstimmend gebraucht. Und aus der Lernpsychologie ist Ihnen wohl hinreichend bekannt, daß es Lernen ohne Motivation nicht gibt, daß alles Lernen eine Motivation braucht. Es wird angenommen, daß durch Motivationen Lernprozesse ausgelöst werden. H. ROTH beispielsweise unterscheidet für Lernprozesse sechs Lernschritte, wovon er den stets ersten als »Stufe der Motivation« bezeichnet und diese dann weiterhin beschreibt als (1960, S. 245):
- »Ein Lernwunsch erwacht.«
- »Ein Lernprozeß wird angestoßen. Eine Aufgabe wird gestellt. Ein Lernmotiv wird erweckt.«

Und er fügt hinzu (S. 249): »Vom Lehren her gesehen, ist die entscheidende erste Maßnahme der *Anstoß des Lernprozesses.*«
Da Lernen als Prozeß begriffen wird, als eine Bewegung, richtet sich der Blick fast augenblicklich auf den Beginn dieses Prozesses und das ihn auslösende Moment. Und eben dieses, das auslösende, »anstoßende«, Moment wird im Lerninteresse gesehen. Ohne Lerninteresse käme mithin gar keine Bewegung auf, setzte sich der als Lernen aufgefaßte Prozeß erst gar nicht in Gang.
Der Lernprozeß ist – wie wir weiter vorne schon erörterten – ein Vorgang der Auseinandersetzung des Lernenden mit der Umwelt. Lerninteresse kann nun als jenes Moment verstanden werden, das diese Auseinandersetzung erst bewirkt, das den Lernenden zur Auseinandersetzung mit der Umwelt antreibt, durch das Subjekt und Objekt aufeinander zugetrieben und in eine zeitweilige Wechselbeziehung gebracht werden, bei der sich die Verhaltensdispositionen des lernenden Subjekts nachhaltig verändern.
Wenn wir bei der Metapher der Auseinandersetzung eines Subjekts mit Objekten bleiben, dann wird auch schnell einsichtig, *daß Lerninteresse als ein essentielles Moment des Lernprozesses auf der Seite des Subjekts* angesiedelt ist. Es muß etwas sein, das das Subjekt antreibt, anstößt, sich mit den Objekten auseinandersetzen zu wollen.
Da menschliches Lernen grundsätzlich nur als eigenaktives Geschehen vorstellbar ist, von der anderen Seite aus betrachtet: niemals als ein dem Menschen ein-

fach aufzwingbarer Vorgang angenommen werden darf, kann auch Lerninteresse nicht als etwas dem gesamten Lernprozeß Überstülpbares vorgestellt werden. Wenn aber auch angenommen wird, daß Lerninteresse auslösbar ist – wer an didaktische Eingriffe glaubt, nimmt immer die Auslösbarkeit durch Maßnahmen von außen an! –, dann kann solche Auslösung nur darin bestehen, das Subjekt in eine solche Disposition zu bringen, durch die ihm eine Zuwendung zu den Objekten der Umwelt und damit die Auseinandersetzung mit ihnen möglich wird. Wie weit dies unter Umständen sogar zwanghaft werden kann, bleibt hier erst einmal unerörtert. Die entsprechende Disposition wird von H. HECKHAUSEN mit dem Motivationsbegriff folgendermaßen umschrieben (1969, S. 194):
– »Unter Motivierung ist die momentane Bereitschaft eines Individuums zu verstehen, seine sensorischen, kognitiven und motorischen Funktionen auf die Erreichung eines künftigen Zielzustandes zu richten und zu koordinieren.«

Als »Zielzustand« ist hier unserem Verständnis nach nicht das Lernergebnis zu begreifen, sondern schon die Auseinandersetzung mit dem Objekt. Lerninteresse meint die Bereitschaft des Lernenden, sich mit bestimmten Objekten auseinanderzusetzen. Da wird nicht angestoßen wie die Billardkugel, die an die Bande gestoßen wird, sondern in ihm wird eine umfassende Bereitschaft ausgelöst, sich mit bestimmten Dingen einzulassen. Wie weit dies im Bewußtsein, etwas zu lernen, geschieht, mag hier unerörtert bleiben, da wir uns auf den Punkt beschränken, an dem Lerninteresse angesiedelt ist und wirksam wird:
- Angesiedelt ist Lerninteresse am Beginn eines Lernprozesses, als Moment, durch das dieser in Gang gesetzt wird.
- Wirksam wird Lerninteresse als Bereitschaft des Lernenden, sich den Objekten der Umwelt zuzuwenden und sich mit ihnen auseinanderzusetzen.

Wenn wir einmal davon absehen, daß es zeitüberdauernde Bereitschaften solcher Art gibt, daß manche Menschen über dauerhafte Lernbereitschaften verfügen – bei H. HECKHAUSEN etwa als »Leistungsmotivation« von Personen bezeichnet –, dann muß der solche Bereitschaft auslösende Faktor außerhalb der Person des Lernenden liegen. Und wenn wir uns weiterhin noch einmal vor Augen führen, daß sie nicht einfach von außen eingebracht werden kann – man kann dem Lernenden die Lernbereitschaft nicht mit einer Spritze subkutan einimpfen, ihn auch nicht in ein Bereitschaftskorsett einbinden –, dann bleibt konsequenterweise nur ein internes Moment des Lernvorgangs übrig, das sich interessenauslösend auswirken kann:
- Das Lerninteresse des Subjekts am Objekt muß in der Regel durch dieses Objekt selbst ausgelöst werden.

Bei Lernvollzügen ungewollter Art, die sich in Lebenssituationen funktional einstellen, finden sich zahlreiche Beispiele für dieses Wechselspiel zwischen Subjekt und Objekten.

―――― **Beispiel** ――――
Denken Sie an das berühmt gewordene Milchbüchsen-Beispiel von F. C. COPEI, in dem Schulkinder während eines Ausflugs lernen, daß man stets zwei Löcher in Kondensmilchdosen stoßen muß, damit die Milch herausfließt. Als sie zunächst nur ein Loch bohren, um die Milch zu bekommen, und keine fließt, wird ihr Interesse an dem Phänomen wach. Es ist das Phänomen selbst – ein Loch in die Dose gebohrt, trotzdem fließt keine Milch – das ihr Interesse weckt und sie bereit macht, sich eingehend mit dem Phänomen zu befassen, sich mit ihm auseinanderzusetzen. Nach einer längerer Phase von Vermutungen und allerlei Unternehmungen kommen sie auch zu der Annahme, daß zwei Löcher erforderlich seien, was sich dann auch am Objekt bestätigt und auf diese Weise gelernt wird.

―――― **Aufgabe** ――――
Erinnern sie sich bitte an einen selbst erlebten Vorgang, bei dem Ihr Interesse von irgend etwas ausgelöst wurde und Sie sich dann diesem zuwandten und daran lernten. Was löste Ihr Interesse aus?
Wie befaßten Sie sich mit ...? Was lernten Sie?

Lerninteresse haben wir jetzt kennengelernt als die Bereitschaft von Lernenden, sich mit Objekten der Umwelt – im Falle absichtlichen Lernens: Lerninhalten – auseinanderzusetzen. Diese Bereitschaft aber muß sich auch aktualisieren, muß umschlagen in eine tatsächliche Zuwendung zu den Objekten, denn nur dadurch verwirklicht sich Lernen. Lerninteresse darf auch nicht als einmalige Zuwendung mißverstanden werden. Zum einen muß der Lernende sich solange mit dem Inhalt auseinandersetzen, bis die dispositionsverändernden Wirkungen eintreten. D. h. es ist kein Strohfeuer an Lerninteresse verlangt, das bloß aufflackerte, sondern ein ständiges Feuer. Lerninteresse bedeutet nicht bloß eine einmalige Zuwendung, sondern eine den jeweiligen Lernprozeß an- und überdauernde Zuwendung zu den Objekten und die Auseinandersetzung mit ihnen. Zum anderen machen die an die »Stundeneinteilung« gewöhnten Lehrer oft den Fehler, Lerninteresse als eine einmalige Aufgabe je Unterrichtsstunde zu sehen, weil sie ohne weiteres Lern- und Zeiteinheit als identisch annehmen. Lernen aber ist ein Vorgang, bei dem sich die einzelnen unterscheidbaren Schritte ständig wiederholen und überschneiden, ein eher spiralförmiger als linearer Vorgang, so daß sich auch Lerninteresse als Aufgabe immer wieder erneut dem Lehrer stellt.

2.2.2 Lerninteresse und Unterricht

Was bisher über Lerninteresse und Lernen gesagt wurde, gilt uneingeschränkt auch für den Unterricht. Aber Lerninteresse gewinnt im und für Unterricht eine besondere Bedeutung, weil Unterricht eine besondere Struktur des Lernens bedingt. Worin diese Besonderheit besteht, läßt sich reihend aufzählen:

1. Lernen ist im und durch Unterricht immer *intentionales* Lernen. Lernen geschieht darin demnach absichtsvoll, zielgerichtet und planmäßig; Lernen ist Zweck des Unterrichts und vollzieht sich nicht bloß am Rande und nebensächlich.
2. Lernen ist in Unterricht und Schule *gesellschaftlich institutionalisiert*. Dem Lernen sind hier von außen ganz bestimmte Ziele und inhaltliche Aufgaben gesetzt; die Inhalte des Lernens sind nicht beliebig, sondern sie sind fest vorgeschrieben (Schulgesetz und Lehrplan).
3. Lernen ist in Schule und Unterricht *didaktisch organisiert*. Lernen vollzieht sich hier in fest vorgezeichneten Bahnen und nicht in zufällig-beliebigen Formen. Zu nennen ist vor allem, daß Inhalte geordnet nach Fächern und in zeitlich vorgegebenem Raster, den Schuljahren und Unterrichtsstunden sowie in Gruppen gelernt werden.

Diese drei Strukturmerkmale unterrichtlich ermöglichten und gesteuerten Lernens lassen sich im Hinblick auf unsere Erörterung zu der Aussage zusammenfassen:
Bestimmte Lernende müssen zu bestimmten Zeiten an einem bestimmten Ort bestimmte Inhalte lernen (... sich mit bestimmten Inhalten auseinandersetzen).

Und was das bedeutet, liegt auf der Hand: Wer will das schon? Wer kann das schon? Wer will beispielsweise schon am Montagmorgen zwischen 8.20 Uhr und 9.05 Uhr ausgerechnet lernen, daß Iller, Lech, Isar, Inn, Altmühl, Naab und Regen die Nebenflüsse der Donau sind?

Deutlicher wird das besondere Problem noch, wenn man – ohne verdrehende Zuspitzung der Tatsachen – eine Art Momentaufnahme macht:
Warum sollte Udo Interesse daran haben, am Donnerstag um 8.05 Uhr zusammen mit Hans, Else ... (und 21 anderen; und jeder von diesen mit jeweils allen anderen) laut »mensa, mensae...« zu skandieren, um hinterher zu wissen, wie das feminin bestimmte Substantiv »mensa« dekliniert wird?

Im Unterricht stellt sich unausweichlich immer wieder die Aufgabe, zu bestimmten Zeiten bestimmte Lernende in Bereitschaft zu versetzen, sich mit bestimmten Inhalten auseinanderzusetzen. Man kann bei der Vielfältigkeit aller einzelnen Strukturmomente von Unterricht schlechthin keine stets und ständig vorhandene Lernbereitschaft voraussetzen, vor allem auch, weil alle bisherigen Vorstellungen über entsprechende überdauernde Leistungsbereitschaften diese als bloß formaler Art ausweisen. Worauf es aber letzten Endes ankommt, ist eine besondere inhaltliche Bereitschaft, nämlich zur Auseinandersetzung mit ganz bestimmten Inhalten.
Auch hier zeigt sich wieder: Die didaktische Aufgabe des Lehrers läuft darauf hinaus, die zum Lernen anstehenden Inhalte so aufzubereiten und einzubringen, daß sie den Schülern interessant scheinen, so daß sie sich ihnen zuwenden. Und

nach dem im vorherigen Abschnitt Gesagten fordert diese besondere Aufgabe vom Lehrer:
- Die Inhalte so in Kontakt mit Lernenden zu bringen, daß sie deren Lerninteresse wecken und auf sich lenken, den Lernprozeß in Gang setzen.
- Die Inhalte so in Kontakt mit Lernenden zu bringen, daß diese sich nicht nur kurzzeitig, sondern über die Dauer eines ganzen Lernprozesses bis zu dessen Abschluß mit ihnen auseinandersetzen.

Mit einer Formel von H. ROTH läßt sich dies umschreiben als die Aufgabe, »Kind« und »Sache« dazu zu bringen, sich ineinander zu »verhaken« und solange verhakt zu bleiben, bis der Lernprozeß abgeschlossen ist.

────── **Aufgabe** ──────────────────────────────

Analysieren Sie bitte das folgende Beispiel daraufhin, wie der Lehrer seine besondere – Lerninteresse auslösende – Aufgabe löst!

────── **Beispiel** ──────────────────────────────

Zu Beginn einer Sportstunde betreten die Schüler in lockerer Folge die Turnhalle, je nachdem wann sie sich umgezogen haben. In der Halle liegen kunterbunt verteilt Bälle, und zwar für jeden Schüler einer. Zu beobachten ist, daß die Schüler sich auf die Bälle stürzen, sie treten, rollen, werfen, prellen usw. Im Unterrichtsentwurf spricht der Lehrer von diesem Stundenabschnitt als von der »Erwärmungsphase«.

Bei allen Variablen, die Lerninteresse mitbestimmen, läuft bei unserer Betrachtung alles auf die Inhalte des Lernens hinaus, denen Lehrer besondere Beachtung schenken müssen. Bevor wir uns der Bedeutung von Anschauung hierbei zuwenden, muß noch auf eines hingewiesen werden, um grundlegende Mißverständnisse zu vermeiden:
- Unsere didaktische Betrachtung läßt weitgehend außer acht, daß Lerninteresse immer auch eine pädagogische Aufgabe ist, d. h. eine Aufgabe, die sich letzten Endes selbst entbehrlich machen will. Wie I. STEINER in ihrer pointiert pädagogischen Argumentation schon feststellt, muß auch Lerninteresse darauf gerichtet sein, »die Aufhebung pädagogischer Maßnahmen« spezifischer Art zu bewirken (vgl. 1983, S. 15 ff.). Bei aller didaktischen Wirkung zur Bewältigung kurzfristiger Lernaufgaben muß Lerninteresse so in Angriff genommen werden, daß Lernende langfristig selbständig zu lernen fähig sind und von besonderen außengesteuerten Maßnahmen unabhängig werden.

2.2.3 Lerninteresse und Anschauung

An den Anfang der Erörterung stellen wir ein Beispiel, das Sie bitte durchlesen:

------- **Beispiel** -------

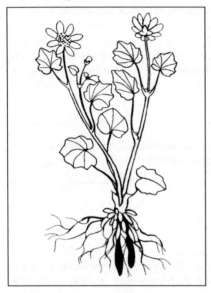

Das Scharbockskraut

Die Klasse, ein 3. Schuljahr, geht im Frühjahr mit dem Lehrer in die nahegelegenen Anlagen des Schwanenteiches, eines Parks mit einem Teich. Jeder Schüler trägt einen Notizblock und Bleistift mit sich. Vor dem Unterrichtsgang hatten die bestehenden Gruppen in einem Unterrichtsgespräch sich selber Aufgaben gestellt, die sie besonders erfüllen wollten, wie z. B. Beobachten der Schwäne; Feststellen, welche Bäume es im Park gibt; Zeichnen der Anlage mit Teich, Beeten, Spielkästen und Wegen; Feststellen, welche Bäume schon knospen und wie die Knospen aussehen; Feststellen, welche Blumen schon blühen. Im Park gehen die Gruppen ihren gestellten Aufgaben nach, wobei sie aber den ganzen Park in seinem Frühjahrsschmuck aufnehmen. Der Lehrer geht von Gruppe zu Gruppe, macht auf bestimmte Dinge aufmerksam und beantwortet Fragen nach Namen und Schreibweise der Dinge, die zu sehen sind. In der Klasse ergeben sich aus diesem Unterrichtsgang viele Themen für den muttersprachlichen Unterricht im Rahmen des Sachunterrichts, wie für den Sachunterricht selber. Als die Gruppe berichtet, die alle schon blühenden Blumen festgestellt hat, fällt die Frage: »Ja, warum blühen denn nur die paar (Verf.: im Sinne von »wenigen«) Blumen? Sonst gibt es doch viel mehr im Schwanenteich.« Der Lehrer läßt die Frage wiederholen und stellt sie in den Mittelpunkt des Unterrichts, obwohl dieser anders geplant war. Sofort gibt es Antworten, die in überlegenem Ton vorgetragen werden:
- »Ist ja gerade erst Frühling!«
- »Da muß die Sonne erst richtig scheinen!«
- »Das muß erst richtig warm werden!«
- »Der Winter ist ja immer noch so ein bißchen da!«

Der Fragesteller (Georg) ist nicht damit zufrieden und antwortet: »Ja, aber diese blühen ja!« Daraufhin wird festgestellt, daß diese Blumen eben nicht so viel Sonne brauchen. Sie werden aufgezählt: Schneeglöckchen, Krokus, Primel, Tulpe,

Osterblume und Scharbockskraut. Der Lehrer wird gefragt, was denn nun der eigentliche Grund sei, weswegen diese Blumen auf Sonne verzichten könnten. Er tut, als ob er es nicht wüßte. Da schlägt plötzlich ein Mädchen vor, man könne doch einige Blumen in die Klasse holen. Dies lehnt Georg ab mit den Worten: »Nein, dann vergißt du vielleicht etwas oder verlierst etwas!« Daraufhin wird der Beschluß gefaßt: die gesamte Klasse soll noch einmal in den Park gehen!

Angekommen, ist man bedrückt, denn man darf doch keine Blumen entfernen, die von den Gärtnern eingepflanzt sind. Da fallt plötzlich noch einem Mädchen ein: »Ich weiß es jetzt! Die Gärtner haben die Blumen vor dem Pflanzen angewärmt. Wir haben auch so einen Ofen im Badezimmer.« Da nicht alle diese erneute Erklärung hören, weist der Lehrer kurz darauf hin, daß es doch auch wildwachsende Pflanzen gäbe, die schon blühten. Diese Erklärung wird von den Kindern doppelt genutzt, einmal zur Abwendung der gebrachten Erklärung des Mädchens, zum anderen rennen sie plötzlich zum Wall, wo am Fuße großer Bäume Scharbockskraut blüht. Ein Junge: »Die kriegen hier gar keine Sonne. Siehst Du, die brauchen auch keine.« Der Junge soll das behalten und in der Klasse wieder vorbringen. Vorsichtig graben die Kinder einige Pflanzen aus. Der Lehrer beantwortet die Fragen nach den Teilen: Knöllchen – Blatt – Blüte – Himmelsgerste usw. Die Pflanzen werden mit in die Klasse genommen und untersucht. An der Tafel entsteht eine Zeichnung, die beschriftet wird. Immer wieder wird das Scharbockskraut beschrieben, die alten Argumente werden erneut vorgebracht. Der Lehrer wartet ab. Da – plötzlich – meldet sich ein Mädchen: »Die Knollen hier – da sind alte und neue!« Auf Fragen sehen das alle. Dann folgt: »Die hier sind voll Falten! Die hier sind ganz glatt und hell!« Kinder, die nun etwas anderes berichten wollen und von den Knollen abweichen, hält der Lehrer zurück. Den Kindern ist nun klar, daß das Frühblühen etwas mit diesen Knollen zu tun haben muß. Es dauert nicht mehr lange, bis man die bekannte Tatsache, die aus dem bisherigen Sachunterricht bekannt war, daß nämlich Pflanzen auch essen müssen, daß sie auch Nahrung zu sich nehmen müssen, daß sie ihre Nahrung mit den Wurzeln aus dem Boden entnehmen, mit den vorliegenden Knollen des Scharbockskrautes in Verbindung bringt.

Das Ergebnis sieht dann folgendermaßen aus:
Die jungen Scharbockskrautpflanzen ernähren sich aus den Knöllchen. Sie brauchen nicht zu warten, bis die Sonne stark genug scheint und sie zum Wachsen bringt, sie kommen mit wenig Sonne aus, da sie genügend Nahrung in den Knöllchen besitzen. Wenn sie groß sind, dann bilden sie selbst wieder Knöllchen, die das Scharbockskraut im nächsten Jahr wieder zum Wachsen braucht. Die Kinder: »Die Knöllchen sind Speisekammern für das junge Scharbockskraut! Darum kann es so früh blühen. Das Scharbockskraut ist ein Frühblüher!« Das wird von allen anerkannt.
(Zit. nach: W. H. PETERSSEN, 1966, S. 129 ff.)

Im Anschluß an die bereits angestellten Überlegungen zum Lerninteresse lassen sich mit Blick auf das Beispiel folgende Fragen stellen:
- Wer/was hat das Lerninteresse der Kinder erregt und auf sich gezogen?
- Wer/was hat das Lerninteresse der Kinder aufrecht erhalten?

In beiden Fällen lautet die Antwort:
Das Scharbockskraut!

Was aber ist das Scharbockskraut in diesem Unterrichtsprozeß? Welche Stellung und Funktion nimmt es darin ein? Man ist leicht geneigt zu antworten: Selbstverständlich ist es der Lerninhalt. Ist es das wirklich? Als Lerninhalt bezeichnet die Didaktik dasjenige, *was* gelernt werden soll bzw. gelernt wird. Und was wurde hier gelernt? Nicht das Scharbockskraut, das da unter dem Baum im Schatten stand, – das wurde wahrgenommen, betrachtet und ausgegraben, dann in die Klasse mitgenommen und dort wiederum insgesamt und in Teilen betrachtet. Und dieses Scharbockskraut erregte das Lerninteresse der Kinder und zog ihre Aufmerksamkeit auf sich; das erste Mal, als sie sich mit Aufträgen versehen – welche Blumen schon blühen! – im Park umsahen, und ein zweites Mal, als alle in den Park zurückkehrten, solange es noch im Baumschatten stand. Und dieses Scharbockskraut hielt auch das Lerninteresse aufrecht, sowohl an seinem natürlichen Standort wie auch später im Klassenzimmer, als die Knöllchen betrachtet wurden. *An* diesem Scharbockskraut, an diesem einzelnen, haben die Kinder etwas gelernt, nämlich:
- die Bezeichnung für diese Pflanze »Scharbockskraut«, soweit sie noch nicht bekannt war;
- die Bezeichnungen für die Teile des Scharbockskrauts, »Knöllchen«, »Blatt«, »Blüte«, »Himmelsgerste« usw.;
- den Sachverhalt des Zusammenhangs zwischen Knöllchen und dem frühen Blühen usw. usw.

Und Lerninhalte sind die soeben aufgezählten – und weitere, hier sogar »exemplarische« Momente.* Am besonderen konkreten Scharbockskraut haben die Kinder diese Momente gelernt. Es ist bloß als Mittel zur Wirkung gelangt; die Kinder haben sicherlich Freude an der Blume gehabt, aber in der nüchternen Sprache der Didaktik erweist sie sich als bloßes Mittel. Und zwar hat sie als Mittel allererst die Auseinandersetzung der Kinder mit den zu lernenden Inhalten ermöglicht, so daß sie diese erfahren konnten und auf diese Weise ein spezifisches Wissen (Verhaltensdisposition) erwarben. Das besondere Scharbockskraut ist hier ein Mittel zur Anschauung, d. h. es verschaffte den Kindern die für das bestimmte Lernen notwendige Anschauung, ohne die es – wie wir weiter vorne einsahen – gar kein Lernen dieser Inhalte hätte geben können.

---

* Auf die Struktur von Lerninhalten wird im nächsten Kapitel über Anschauung und Begreifen näher eingegangen. Wenn Sie hier noch Schwierigkeiten haben, lesen Sie bitte dort die entsprechenden Passagen (S. 35 ff.).

Und was sich hier am Beispiel zeigt, gilt generell: Wenn für einen Lerninhalt das erforderliche Lerninteresse geweckt werden soll, kann dies nur über eine Anschauung geschehen, die letzten Endes sinnliche Wahrnehmung und so die aktive geistige Auseinandersetzung mit dem Inhalt ermöglicht. Anschauung selbst wird durch ein Mittel – von dessen Funktion her – geleistet, hier: das besondere Scharbockskraut.

Was solch ein Mittel im einzelnen leistet, läßt sich aufzählen:
- Das Anschauungsmittel erregt, erweckt das Lerninteresse von Lernenden und zieht, lenkt es auf sich –
z. B. die Kinder nehmen das Scharbockskraut unter den Bäumen wahr und befassen sich damit.
- Das Anschauungsmittel lenkt das Lerninteresse über sich selbst auf den Lerninhalt –
z. B. die Kinder befassen sich nicht bloß mit *diesem* Scharbockskraut, sondern nehmen es als exemplarisch für Scharbockskraut schlechthin, dessen Eigenschaften sie sich zuwenden.
- Das Anschauungsmittel hält das Lerninteresse der Kinder aufrecht –
z. B. wenn man die üblichen Impulse aus dem Unterrichtsgeschehen außer acht läßt, dann ist es immer wieder dieses besondere Scharbockskraut, an dem die Kinder arbeiten, das sie beobachten, dessen »Rätsel« sie lösen wollen, das ihre Zuwendung stark hält, bis die Fragen gelöst sind.

Das Lerninteresse wird durch Anschauung mithin:
- erregt und auf sich gezogen;
- über sich hinaus auf den Lerninhalt gelenkt;
- aufrecht erhalten.

Besonders wichtig ist die zweitgenannte Funktion, Lerninteresse auf den Lerninhalt zu lenken. Anschauung ist hier ein bloßes Mittel und darf keineswegs ein Lerninteresse bloß erregen und auf sich lenken, sondern muß stets über sich hinausweisen auf das, was gelernt werden soll. Wer kennt nicht die Negativbeispiele jener Art etwa, daß Kinder begeistert aus der Schule heimkommen und lauthals berichten, der Lehrer habe einen Film gezeigt. Auf die Frage, was für einen Film denn, hört man sehr häufig Antworten wie:»Ja, das weiß ich nicht mehr«, oder»Ach, so irgendwas über Tiere«. In diesen Fällen hat Anschauung als *Mittel* offensichtlich versagt, ist – rückblickend betrachtet – für die Kinder bloß als Selbstzweck erschienen und gewertet worden. Seine Funktion, das Lerninteresse auf die gemeinten Inhalte zu lenken, hat das Anschauungsmittel Film hier nicht erfüllt.

Das Beispiel Scharbockskraut läßt eine weitere Betrachtung zu (an den/die Leser: Ist Ihnen übrigens schon deutlich geworden, daß es Anschauungsfunktion erfüllt!?):

- Der Lehrer hätte für den Lerninhalt »Scharbockskraut als Frühblüher« durchaus auch zu anderer Anschauung greifen können. Er hätte eine Pflanze vorher ausgraben und in die Klasse mitbringen können, er hätte ein Bild, eine Tafelzeichnung, einen Film, eine Folie für den Overheadprojektor usw. nehmen können.

Warum ist er so verfahren wie im Beispiel? Doch wohl, weil er sich hiervon größte Lernwirksamkeit versprach (von anderen möglichen Aspekten, wie Ökologie u.a., einmal abgesehen). Und vor allem das Lerninteresse der Kinder dürfte auf diese Weise so stark erregt, so treffsicher auf den »Punkt« gelenkt und solange aufrecht erhalten worden sein, wie durch keine andere Anschauungsalternative. Der natürliche Standort im »Schatten des Baumes« beispielsweise lenkte die Zuwendung der Kinder überaus konzentriert auf die Lern-Zwischenstufe »Blühen ohne Sonne«.

Von der Art der Anschauung hängen also offensichtlich der Grad und die Intensität des Lerninteresses ab. Welche Maßstäbe dabei entscheidend sein können, soll an späterer Stelle erörtert werden, wie schon gesagt wurde. Es wird aber deutlich, daß der Lehrer für seine Aufgabe, das Lerninteresse seiner Schüler zu wecken, zu lenken und aufrecht zu erhalten, Entscheidungen treffen muß und kann; und hierfür braucht er didaktische Hilfen.

─────── **Aufgabe** ───────────────────────────────────

Wenden Sie sich bitte noch einmal dem Beispiel der Bälle im Sportunterricht zu! Wie lenken diese das Lerninteresse auf die zu lernenden Inhalte?

───

2.2.4 Zusammenfassung

Sie sollten nunmehr wenigstens dreierlei eingesehen haben:
- *Erstens*, daß Lerninteresse für den Unterricht eine besonders große Bedeutung hat und dementsprechend für Lehrer eine wichtige und ständige didaktische Aufgabe darstellt.
Lernen ist schlechterdings ohne ein Lerninteresse nicht denkbar; durch Lerninteresse wird ein Lernprozeß zuallererst angestoßen. Lerninteresse ist als die Zuwendung von Lernenden zu Lerninhalten aufzufassen, mit denen sie sich auseinandersetzen und dadurch zu veränderten Verhaltensdispositionen gelangen. Da Lernen im und durch Unterricht aufgrund seiner institutionellen und didaktischen Ordnung in der Regel bei Lernenden zum Zeitpunkt, da diese etwas Bestimmtes lernen sollen, nicht das entsprechende Lerninteresse voraussetzen kann, muß immer wieder das spezifische Lerninteresse »erzeugt« werden.

- *Zweitens,* daß Anschauung sich als ein guter Weg erwiesen hat, solches Lerninteresse zu erzeugen.
  Anschauung vermag durch ihre Wirkung auf menschliche Sinne die für ein Lernen notwendige Zuwendung und Aufmerksamkeit zu den jeweiligen Lerngegenständen zu schaffen. Das durch Anschauung bewirkte Lerninteresse ist wegen der Bindung von Anschauung und Lerninhalt als inhaltsorientierter Anreiz für den Lernenden zu begreifen, sich den betreffenden Inhalten aufmerksam zuzuwenden. Auf solche Art entsteht Lerninteresse gleichsam von innen aus dem Lernprozeß selbst heraus. Lernen kommt nicht durch äußere Einwirkungen, Zwänge u.ä. zustande, sondern aus der Wechselwirkung von Lernendem und Lerninhalten. Es gibt auch andere Möglichkeiten, die erforderliche Zuwendung zu Lerninhalten auszulösen, beispielsweise aus der sozialen Beziehung zwischen Lernenden und Lehrenden heraus, die Lernenden also zu motivieren. Im Zusammenhang und neben diesen Formen stellt die Anschauung ein hervorragendes Mittel zur Schaffung von Lerninteresse dar. Wegen seiner pädagogischen Zielimplikation – es will sich langfristig überflüssig und selbständig lernen machen – bietet gerade Lerninteresse in seiner Unterscheidung von bloßen Motivationstechniken einen überaus guten heuristischen Ansatz für sinnvollen und verantwortbaren Unterricht.
- *Drittens,* daß Anschauung hinsichtlich des Lerninteresses ein Mehrfaches zu leisten hat.
  Anschauung hat nicht nur Lerninteresse zu erregen, sondern auf sich und über sich hinaus auf den intendierten Lerninhalt zu lenken und aufrecht zu erhalten. Da Anschauung nur durch Mittel möglich ist, die sinnlich wahrnehmbar sind, müssen diese Mittel die Zuwendungsbereitschaft auslösen, die Zuwendung auf sich ziehen, aber zugleich auf die veranschaulichte Sache weiterleiten und stark erhalten.

Sie sollen nunmehr auch wenigstens vermuten,
- daß, da Anschauung durch unterschiedliche Mittel geleistet werden kann, solche unterschiedlichen Mittel auch unterschiedliche Grade an Intensität von Lerninteresse schaffen werden.

2.3 Anschauung und Begreifen

Vorbemerkungen

Anschauung soll das »Begreifen« erleichtern; so oder ähnlich ist in der maßgeblichen Literatur oft zu lesen. MICHAEL z. B. sagt (1983, S. 79): »Der Einsatz der Veranschaulichungsmittel unter dieser didaktischen Zielsetzung soll den Lernprozeß erleichtern, besseres Begreifen und Verstehen der eigentlichen gedanklichen Inhalte ermöglichen.«

Auch hier soll zunächst bloß der strukturelle Zusammenhang von Anschauung und Unterricht im Hinblick auf »Begreifen« durchleuchtet werden. Maßstäbe für eine didaktische Handhabung der Problematik werden noch nicht erörtert.

2.3.1 Begreifen und Lernen

Was ist mit der Bezeichnung »Begreifen« gemeint? Welches Moment des Lernvorgangs ist damit angesprochen? Jeder dürfte schon einmal die Lehrerfrage vernommen haben: »Habt ihr es nun alle begriffen?« Oder auch den Stoßseufzer: »Jetzt muß doch endlich jeder es begriffen haben!«
»Begreifen« – in der täglichen Sprache – steht letzten Endes synonym für »Lernen«, meint also kein bestimmtes Moment des Lernvorgangs, sondern diesen insgesamt. Wir können aus dem Lernprozeß also keine Teilphase o. ä. herausschälen, um dem Begreifen auf die Spur zu kommen, sondern müssen dazu den gesamten Prozeß ins Auge fassen. Wir können aber den Blickwinkel auf diesen Prozeß einengen, und zwar dergestalt, daß wir aus der Sicht des Lernenden darin danach fragen, was geschieht, wenn er »begreift«.
Erinnern wir uns dazu kurz: Wenn jemand lernt, setzt er sich mit Inhalten auseinander, und aus dieser Auseinandersetzung resultieren Erfahrungen, die seine Verhaltensdispositionen verändern. Und diesen Vorgang der Auseinandersetzung können wir durchaus auch als Vorgang des Begreifens auffassen, wobei dies etwas bezeichnet, was sich auf der Seite des Lernenden, des Subjekts der Auseinandersetzung tut. Wenn es auch simpel erscheint, soll noch einmal wiederholt werden: Nicht der Inhalt begreift, sondern der Lernende begreift, und zwar den Inhalt. Sobald er ihn begriffen hat, ist der Auseinandersetzungsprozeß überflüssig geworden, zumindest im je besonderen Fall ist der Lernprozeß abgeschlossen, muß nicht mehr weiterlaufen.
Begreifen bezeichnet also, was der Lernende im Auseinandersetzungsprozeß mit den Inhalten tut. Und hier kommt noch ein weiterer Aspekt von Begreifen zum Vorschein: Begreifen ist ein aktiver Vorgang, d. h. Lernende erleiden nicht das Begreifen, sondern sie tun es. Begreifen ist ein aktiver Zugriff von Lernenden auf die Lerninhalte. Und zwar in der Absicht, sich das, was zuvor bloß in Lerninhalten war, anzuzeigen, zu vereinnahmen. Dies aber nicht etwa nach dem Bilde eines Kästchens, das es aufzuschließen gilt, um an das heranzukommen, was darinnen ist, es heraus- und zu übernehmen. Lerninhalte überstehen den Vorgang unbeschadet und unverändert; Lernende verändern sich dabei. Es ist der Vorgang der Auseinandersetzung selbst, der Prozeß, durch den diese sich verändern. Begreifen heißt zu erfahren, was zu erfahren ist im spezifischen Prozeß und an bestimmten Inhalten, und daraus neue – veränderte – Verhaltensdispositionen aufzubauen, neues Wissen, neues Können und neue Einstellungen – z. B.:

- Wer auf irgendeine Art »begriffen« hat, daß Altmühl, Naab und Regen von Norden her in die Donau einmünden, »weiß« nunmehr, daß...
- Wer »begreift«, daß man beim Stricken die beiden Stricknadeln auf eine bestimmte Art handhaben muß, hat eben dies »begriffen« und »kann« es.*

- Wer »begriffen« hat, daß Toleranz eine für unser Zusammenleben unerläßliche Haltung ist, ist bereit zu tolerantem Verhalten, hat die entsprechende »Einstellung« eingenommen.**

Im Grunde genommen müßte man hier die vielen und unterschiedlichen Versuche zur Erklärung des Lernvorgangs anführen, aber das würde zu weit führen. Was für uns hier wichtig ist, ist besonders die Tatsache, daß Begreifen an Inhalten geschieht, an Lerninhalten. Diesen müssen wir uns nunmehr zuwenden, ihre Struktur zu erhellen suchen.

────── **Aufgabe** ──────────────────────────────────
Packen Sie das Problem doch bitte einmal von einer anderen Seite an. Sie haben sicher schon einmal versucht, jemandem etwas »begreiflich« zu machen. Worum ging es dabei? Was haben Sie getan?
──

Bevor wir fortfahren, ein kleines Beispiel:

────── **Beispiel** ──────────────────────────────────
Da sind Schüler, die einen Winkel nicht ausmessen und nicht angeben können, wie viele Grade er hat. Der Lehrer zeigt ihnen an einer großen Tafelzeichnung, wie man das mit dem Winkelmesser tun kann. Sie vollziehen das an Heftzeichnungen nach und sind auf einmal imstande, den Winkel eines vorgegebenen Dreiecks mit dem Winkelmesser auszumessen und seine Gradzahl anzugeben.
──

Was hier beobachtet werden kann, sind zwei Zustände: Die Schüler *können es nicht;* die Schüler *können es*. Dazwischen hat sich offensichtlich vollzogen, was zu dieser Veränderung führt, was wir *lernen* nennen. Beobachtet werden können auch die Tätigkeiten, die sie während dieses Lernvorgangs vollziehen, also an die Tafel schauen, fragen, reden, zeichnen usw., aber den Zusammenhang zwischen diesen Tätigkeiten und jenen Veränderungen in Psyche und Physis der Lernenden, die das entsprechende Verhalten – Winkel zu messen – dauerhaft ermöglichen, nehmen wir nicht wahr. Wir können nur annehmen, daß die Auseinandersetzung mit dem Winkelmesser – das Zuschauen, das Nachmachen etc. – eben die Fähigkeit zum Winkelmessen dauerhaft begründet hat.

Allgemeiner ausgedrückt: Während des Prozesses wird der Lernende mit eben jenem konfrontiert, was er lernen, was er begreifen soll. Hier muß er inhaltlich erfahren und sich damit auseinandersetzen, was er begreifen soll, lernen soll. Es muß ihm also entgegentreten, muß ihm wahrnehmbar, erfahrbar, handelbar usw. präsentiert werden.

───────
*/** Diese beiden Beispiele sollen noch einmal zeigen, daß begreifen mehr meint als bloß »auf den Begriff zu bringen«, eben auch die Entwicklung von Können und Fertigkeiten, von Einstellungen und Werthaltungen.

Welche Ansätze es gibt, derartige Unterschiede einzuschätzen und bei didaktischen Entscheidungen zu berücksichtigen, muß an späterer Stelle erörtert werden.

------ **Aufgabe** ------
Welche Art von Anschauung würden Sie für das Thema »Vom Lurch zum Frosch« in einem 3. Schuljahr vor allem im Hinblick auf das Lerninteresse der Schüler wählen?

2.3.2 Lerninhalte und Unterricht

Wenn wir uns nun mit Lerninhalten befassen, dann gleich als unterrichtlichen Lerninhalten. Im Unterricht – als institutionalisiertem und organisiertem Ort des Lernens für Heranwachsende – geht es darum, daß Lernende »etwas« begreifen; und Aufgabe des Lehrers ist es, dazu beizutragen, »etwas« begreiflich zu machen. Dies »etwas« nun sind die Lerninhalte, von denen auch als Lerngegenständen geredet wird. Was sind Lerninhalte?
Anhand von zwei Ihnen bekannten didaktischen Vorstellungen soll die Frage beantwortet werden:
a) »Berliner Modell« einer lerntheoretischen Didaktik
   (heute auch abgewandelt zum »Hamburger Modell«) (vgl. HEIMANN, 1962; SCHULZ, 1980):

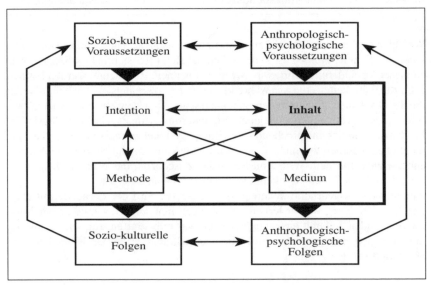

Abb. 1: *Lerninhalte im didaktischen Feld*
(Berliner Modell nach Darstellung bei PETERSSEN, 1994, S. 84)

Hier stellen Lerninhalte eines von mehreren Momenten des Unterrichts dar und stehen mit allen anderen Momenten in Wechselwirkung (»Interdependenz«). Aus der Sicht des Lehrers stellen Lerninhalte eine didaktische Aufgabe dar: er muß sie auswählen, über sie entscheiden, kann dies aber – und das zeigt die Skizze – einerseits nur mit Blick auf die übrigen drei Entscheidungen – über Ziele, Methoden, Medien des Unterrichts –, andererseits unter Berücksichtigung der Voraussetzungen anthropologisch-psychologischer sowie sozio-kultureller Art tun. Aus der Sicht des Schülers sind Lerninhalte »irgendwelche *Gegenstände* (Lernanlässe) *in bestimmter* Absicht (zu Lernzwecken)... in den Erkenntnis-, Erlebnis- und Tätigkeits-Horizont« gebracht (HEIMANN, 1962, S. 415). Auch hier werden Lerninhalte als jene Momente von Lernprozessen beschrieben, an denen Schüler in der Auseinandersetzung den Grund für Veränderungen gewinnen.

────── **Aufgabe** ──────────────────────────────────────
Unterscheiden Sie bitte bei folgendem Beispiel die vier Entscheidungen des Lehrers! Welche könnten es sein?

────── **Beispiel** ─────────────────────────────────────
Die Schüler eines 9. Schuljahres beginnen ihr Projekt »Waldsterben« mit einem dreistündigen Gang durch den nahen Stadtwald. Besondere Erscheinungen werden besprochen und nach Möglichkeit fotografiert. ...

Lernziele – Lerninhalt – Lernmethode – Lernmedium

b) Aus der Konzeption lernzielorientierten Unterrichts kennen Sie Lernziele, wie z. B. »Kenntnis der Nebenflüsse der Donau«.
In der Konzeption wird der »formale« (»Kenntnis«) vom »materialen« (»Nebenflüsse der Donau«) Teil eines Lernziels unterschieden. Und was hier als »materialer« Teil bezeichnet wird, entspricht weitgehend dem, was unter Lerninhalt verstanden wird.
Lerninhalte sind nicht nur kognitiver Art, sondern auch psycho-motorischer oder affektiver, d. h. sie sind Inhalte des Lernens schlechthin – z. B.:
– »Wissen, daß Karl der Große im Jahr 800 in Aachen zum Kaiser gekrönt wurde« (kognitiv);
– »Eingabetastatur des XYZ-Computer-Systems fehlerfrei bedienen können« (psycho-motorisch);
– »Unter allen Umständen ehrlich sein wollen« (affektiv).

Ohne auf die Problematik solcher Lernziele, ihrer Erreichbarkeit durch Schule usw. einzugehen, wird über Lerninhalte deutlich: Sie bezeichnen das, was gelernt werden soll; Unterricht verschafft Gelegenheit dazu, etwas Bestimmtes zu lernen auf die Weise, daß eben dieses als Lerninhalte in den Unterricht einge-

bracht und Lernenden Gelegenheit zur Auseinandersetzung mit ihnen gegeben wird – z. B.:
- Schüler eines 5. Schuljahres sollen lernen, wie ein Verbrennungsmotor funktioniert. Dann wird der Lehrer vieles zu tun haben, um eben diese Funktion in den Unterricht zu holen, und zwar so, daß die Kinder sie kennenlernen, begreifen. Lerninhalt ist in diesem Fall die »Funktion des Verbrennungsmotors«.

Über eine entsprechende Stunde könnte es auch heißen: »Thema der Stunde ist der Verbrennungsmotor«. Thema und Inhalt sind nicht dasselbe. Das Thema des Unterrichts ist der »Verbrennungsmotor«, gelernt werden soll aber seine »Funktion«. Hierauf wird noch näher im nächsten Abschnitt einzugehen sein.
Das besondere didaktische Problem im Hinblick auf Lerninhalte im Unterricht folgt aus der Tatsache, daß Lerninhalte nicht beliebig ausgewählt und eingebracht werden können, sondern daß sie durch den Lehrplan verbindlich vorgeschrieben sind. Der Lehrplan gibt nicht nur grundsätzlich Lerninhalte vor, sondern schreibt auch ihre Anordnung (in Fächern) und ihre Folge (in Lehrgängen und Schuljahren) vor. Dies bedeutet die didaktische Aufgabe, zu bestimmter Zeit an bestimmtem Ort bestimmten Lernenden bestimmte Lerninhalte zu präsentieren, sie im Unterricht mit Lernenden zu konfrontieren. Wie dies möglich ist, was Anschauung damit zu tun hat, muß uns nun beschäftigen.

2.3.3 Lerninhalte und Anschauung

Um etwas Bestimmtes begreifen zu können, müssen Lernende sich mit eben diesem Bestimmten auseinandersetzen können. Die besondere Situation des Lernens im Unterricht, wie wir sie oben erkannten, macht es notwendig, Schüler mit den bestimmten Lerninhalten nach Vorgabe durch den Lehrplan und durch die organisatorische Struktur der Schule und des Unterrichts zu konfrontieren. Weil schulisch vorgeschriebene Lerninhalte in weitaus ihrer Mehrzahl für die Konfrontation nicht ohne weiteres vorhanden sind, müssen sie ausdrücklich in den Unterricht eingebracht werden. Und dies geschieht durch Anschauung, durch Mittel, über die Lernende die Auseinandersetzung mit Lerninhalten aufnehmen können.
Systematisch betrachtet, lassen sich leicht drei Hauptgründe erkennen, aus denen Lerninhalte nicht ohne weiteres im Unterricht vorhanden sind:
1. Es sind viele Lerngegenstände einfach nicht dort, wo über sie unterrichtet wird, sie sind nicht am *Ort des Unterrichts*. So gehört beispielsweise ein Unterricht über die Sahara auf die eine oder andere Weise zu jedem Schülerleben. Aber die Sahara ist nun einmal nicht im Klassenzimmer, ließe sich auch gar nicht ins Klassenzimmer holen (im Unterschied z. B. zum Kopf der Nofretete). Es bleibt also gar nichts anderes übrig, als sie durch irgend etwas zu veranschaulichen, wenn Schüler begreifen sollen, was, wie u. a. die Sahara ist.

2. Es sind viele Lerngegenstände aus *zeitlichen Gründen* zum Zeitpunkt des Unterrichts nicht präsent. Der Dreißigjährige Krieg beispielsweise wie überhaupt alle Lerninhalte der Geschichte der Vergangenheit, muß ebenfalls durch Mittel gegenüber den Schülern veranschaulicht werden, damit diese ihn begreifen, hinsichtlich seiner Ursachen, seiner Gründe, seines Verlaufs, seiner Folgen usw.
3. Man kann und *darf viele Lerngegenstände* nicht in den Unterricht holen, wobei einerseits eine Verpflichtung gegenüber den Schülern, andererseits eine Verpflichtung gegenüber den Gegenständen hierbei eine Rolle spielen kann. Wo beispielsweise über Giftstoffe in Chemie, wo über eine unter Naturschutz stehende Pflanze unterrichtet wird, verbietet sich die unmittelbare Konfrontation von Schülern und Lerngegenständen im Klassenzimmer. An ihre Stelle tritt eine mittelbare Art, die durch veranschaulichende Mittel gebildet wird.

―――― **Aufgabe** ――――

Suchen Sie bitte Beispiele, wo Anschauung aus den genannten Gründen unumgänglich wird!
- *aus räumlich/örtlichen Gründen*
- *aus zeitlichen Gründen*
- *aus Verpflichtungsgründen*

Warum ein Unterricht hinsichtlich des Begreifens von Lerninhalten nicht ohne Anschauungen auskommt, hat noch einen tieferen Grund. Beginnen wir mit einer Aufgabe und einem Beispiel um das zu »begreifen«:

―――― **Aufgabe** ――――

Lesen und interpretieren Sie doch bitte den folgenden kurzen Text und versuchen daraus Antworten auf die obigen Fragen abzuleiten!

―――― **Beispiel** ――――

»Wenn der Lehrer einen lebendigen Hasen mit in die Unterrichtsstunde bringt, so ist nicht dieser eine ganz bestimmte, in einem ganz bestimmten Wald gefangene Hase der Gegenstand des Unterrichts, sondern der Hase als solcher. Unsere unterrichtlichen Bemühungen zielen im Gegensatz zu jenen des Jägers nicht auf den konkreten Hasen vor uns, sondern auf ein Wesen vom Hasen und damit auf etwas Geistiges. ... Er ist nur ein Beispiel für alle Hasen, ein Vertreter seiner Artgenossen. ... Der Lehrer hätte auch von einer Darstellung des Hasen ausgehen können: von einem Modell, einem Bild, einer Skizze, einer sprachlichen Darstellung.«
(Zit.nach E. KLEY, 1958, S. 392)

Sie haben in Ihrer Interpretation E. KLEY sicherlich grundsätzlich zustimmen können. Aber sie werden sich u. U. auch gefragt haben, welcher Art denn nun eigentlich Lerninhalte sind. Darauf versucht R. PETER folgende Antwort (1954, S. 75 u. S. 76):
- »... alle Unterrichtsgegenstände sind ideeller Natur.«

Und er fährt gleich weiter fort: »Gegen diesen Satz werden vermutlich Bedenken erhoben. Prüfen wir seine Richtigkeit an Unterrichtsbeispielen nach!«

―――― **Beispiel** ――――――――――――――――――――――――――――
»Im Physikunterricht möge ›das Pendel‹ behandelt werden. Was ist hier Unterrichtsgegenstand? Nach unserer Festsetzung das, was gelehrt wird. Das sind die *Pendelgesetze;* also etwa (in schlichter Form) der Satz: ›Kurze Pendel schwingen schneller als lange‹. Die Bleikugel, die an einem Faden hängt, ist nicht Unterrichtsgegenstand! Nicht der reale, sondern der ideelle Gegenstand ist hier Unterrichtsgegenstand. Wendet man ein: ›Aber die langsame Bewegung des langen und die schnelle des kurzen Pendels, – das sind doch reale (im Raum ablaufende) Bewegungen!‹, so ist das selbstverständlich richtig. Aber nicht sie sind das Lehrziel, sondern die aus Beobachtung dieser realen Vorgänge gewonnene Erkenntnis über die Beziehung zwischen Pendellänge und Schwingungsdauer. Und die ist ein Unräumliches, ein Geistiges; sie ist Erkenntnis eines ideellen Gegenstandes (nämlich jener gesetzmäßigen Beziehungen). – Im Chemieunterricht sind weder die im Versuch verwendeten Chemikalien noch die als realer Vorgang ablaufende *chemische Reaktion* (also die Vereinigung oder Trennung, die zwischen ihren Bestandteilen stattfindet) der Unterrichtsgegenstand, sondern das, was die Formel symbolisch ausdrückt: die Beziehungen, die zwischen bestimmten Gewichtsmengen bestimmter Elemente bestehen. Das ist das, was gelehrt werden soll und was aus den realen chemischen Vorgängen beobachtend und wägend abgeleitet wird.

Wie aber steht es um den Biologieunterricht? – Wer den *Roggen* behandelt, läßt an Roggenpflanzen Beobachtungen anstellen. Ist diese reale Pflanze der Unterrichtsgegenstand? Sicherlich nicht; denn dieses Objekt soll ja nicht gelehrt werden (das ist schon sprachlich widersinnig). Was wird gelehrt? Nun, etwa die Erkenntnis, daß der schlanke Halm die schwere Ähre tragen kann, weil sein Bau (Querschnitt unter dem Mikroskop!) und die physikalischen Eigenschaften der Stützelemente das möglich machen. Kurz: die Beziehung zwischen Bau und Funktion ist Gegenstand der Erkenntnis und ist hier Unterrichtsgegenstand.

In der Erdkunde wird eine einzelne Landschaft behandelt, sagen wir: die *Lüneburger Heide.* Soll auch hier etwa ein ideeller Unterrichtsgegenstand vorliegen? – Nun, die Heide mit ihrem Sand, ihrem Heidekraut, ihren Wacholdern, den Mooren, den Forsten, Feldern, Industrieanlagen und Bauernhöfen – diese realen Objekte sind doch nicht das, was gelehrt werden soll! Gelehrt werden soll (bei primitiver Unterrichtsweise), daß es dort so etwas gibt, also eine bescheidene Kenntnis von Tatsächlichem. Das ›Bild‹, das sich der Schüler dann von dieser Land-

schaft macht, ist doch kein realer Gegenstand, sondern zweifellos ein ideeller! Aber fassen wir die Sache etwas gründlicher! Wir wollen (interessanten Ausführungen von H. WAGNER folgend) die Lüneburger Heide als ›Kleingebirge‹ betrachten. Dann ergibt sich für uns aus dem Studium von Höhenschichtenkarten ein plastisches Bild der Landschaft, die fälschlich unter der Bezeichnung ›Ebene‹ läuft. Wir erkennen dann etwa, wie Klima und Boden, Besiedelung, landwirtschaftliche Bodenbenutzung sowie der Verlauf alter und neuzeitlicher Verkehrswege in Zusammenhang mit jenem Relief der Landschaft stehen. – Dieses Geflecht von Zusammenhängen ist dann das, was gelehrt werden soll; es ist der Unterrichtsgegenstand von gedanklichem, ideellem Charakter.«
(Zit. nach R. PETER, 1954, S. 75 ff.)

------ Aufgabe ------
Bevor Sie weiterlesen, formulieren Sie bitte mit eigenen Worten, was »ideelle Natur« des Lerninhalts meint!

Ich nehme an, daß Sie Schwierigkeiten bei der Formulierung Ihrer Antwort(en) hatten. Die Sprache in den Texten ist nicht Ihre Sprache. Aber Sie müßten in der Lage sein, den dort ausgedrückten Sachverhalt auch in Ihrer Sprache wiederzugeben. Ihre Antwort(en) könnte(n) etwa folgende Momente enthalten:
Im Unterricht geht es nicht um die realen Sachverhalte aus der Wirklichkeit unserer Umgebung, nicht sie sollen gelernt werden, sondern
– das Wesentliche einer Sache,
– die Funktion eines Dinges,
– die Zusammenhänge in einer Sache,
– der Begriff für ein Ding,
– die Prädikate einer Sache,
– die Bedeutung einer Sache usw.

Die Wirklichkeit der Erscheinungen ist nicht die Wirklichkeit des Lernens, d. h. dessen, was gelernt wird. Wenn wir für Lernen bei der Metapher der Aneignung von etwas bleiben, was hier während des Auseinandersetzungsprozesses geschieht, dann leuchtet wohl unmittelbar ein, daß der Mensch sich selbstverständlich nicht die Wirklichkeit der Gegenstände seiner Umwelt aneignen kann. Ganz naiv: Wo sollte er sie aufbewahren? Wie befördern? – Und: Das ginge ja wohl nur einmal mit jedem Gegenstand; ist er erst einmal voll von jemanden angeeignet, wäre er von diesem vereinnahmt und wäre für andere ein für allemal verschwunden! Der »dummen Rede kluger Sinn«: In der Tat erwirbt man durch Lernen nicht reale Gegenstände, sondern solche von ideeller Art!
In einem Seminar erlebte ich dieselben Schwierigkeiten bei Studierenden, von denen aber dann das folgende Beispiel vorgebracht wurde, durch das verblüffenderweise alle Teilnehmer das besondere Problem durchschauten und sich sprachlich dann auch dazu äußern konnten. Ergeht es Ihnen auch so?

―――― **Beispiel** ――――――――――――――――――――――――――――――――

Im Hauswirtschafts-Unterricht sollen die Schüler lernen, wie man Rühreier zubereitet. Nach einer allgemeinen und informierenden Vorbereitung durch die Lehrerin, unterstützt durch Notizen und Zeichnungen an der Wandtafel, bereiten die Schüler in Gruppen zu je zwei eine Portion Rührei zu. Danach essen sie dann auch dieses Rührei selber auf.
- Was sie dabei im Magen mit nach Hause nehmen, ist das reale Rührei, ist in jeder Hinsicht materieller Art.
- Was sie dagegen im »Kopf« mit nach Hause nehmen, was sie also gelernt haben, ist ideeller Art, ist beispielsweise ein Wissen um die Zutaten und die Zubereitungsart von Rührei, die Fähigkeit zur Zubereitung, die Fertigkeit in der Handhabung von Geräten usw.

―――

Was man erwirbt und dauerhaft besitzt, ist:
- ein *Wissen* über etwas,
- ein *Können* von etwas,
- eine *Einstellung* zu etwas.

Lassen wir hier einmal die lernpsychologische Frage aus, ob es sich bei den Ergebnissen des Lernens um Bilder, Abbildungen, Begriffe, Zeichen, Engramme u. ä. handelt und stellen fest: Aufgrund seiner besonders gearteten Lernfähigkeit erwirbt der Mensch solches Wissen und Können, solche Einstellungen aber nur am Gegenständlichen, an wahrnehmbaren Anschauungen des zu lernenden Inhalts. Der Lernende kann nur begreifen, was ihm so gegenübergestellt wird, daß er es ergreifen kann, d. h. mit den Sinnen erfassen und sich damit auseinandersetzen kann.
- Wie anders soll er »die Beziehung zwischen Bau und Funktion der Roggenpflanze« erlernen?
- Wie anders soll er das »Geflecht von Zusammenhängen«, das wir »Lüneburger Heide« nennen, erlernen?

―――― **Frage** ―――――――――――――――――――――――――――――――――

Haben Sie noch Schwierigkeiten? Dann lesen und arbeiten Sie bitte den letzten Abschnitt noch einmal durch, er ist von besonderer Wichtigkeit für die spätere Erörterung didaktischer Eingriffsmöglichkeiten.

―――

―――― **Aufgabe** ―――――――――――――――――――――――――――――――

Skizzieren Sie bitte ein kurzes Beispiel dafür, daß Lerninhalt und realer Gegenstand nicht dasselbe sind!

―――

2.3.4 Zusammenfassung

Sie sollten jetzt »begriffen« haben, und zwar dergestalt, daß sie darüber reden können, beispielsweise Kommilitonen, Kollegen o. ä. klar machen können:
- *Erstens,* daß Lernen im und durch Unterricht an Lerninhalten geschieht, die aufgrund ihrer Vorgabe und der Organisation von Unterricht in weitaus der Mehrzahl aller Fälle ausgerechnet zum Zeitpunkt des Lernens nicht vorhanden sind und deshalb über Mittel in den Unterricht hineingebracht werden müssen. Bei diesen Mitteln handelt es sich um Anschauungen der Lerninhalte.
- *Zweitens,* daß Lerninhalte aufgrund ihrer Struktur »ideeller Art« und deshalb nicht wahrnehmbar sind, für die Lernenden aber wahrnehmbar gemacht werden müssen. Dies geschieht durch Anschauung, die ihrerseits wiederum durch Mittel geleistet wird.

Sie sollten auch vermuten,
- daß wahrscheinlich die erforderliche Anschauung im Einzelfall durchaus von unterschiedlichen Anschauungsmitteln geleistet werden kann. Dem Lehrer stellt sich hier mithin eine Auswahlaufgabe, für die er didaktische Maßstäbe braucht.

2.4 Anschauung und Behalten

Vorbemerkungen

In der maßgeblichen Literatur wird im Hinblick auf das »Behalten« in der Regel von dessen Förderung durch Anschauung gesprochen. Es wird also zum Ausdruck gebracht, daß Anschauung nicht bloß das Behalten ermöglicht, sondern durch ihre jeweils besondere Art auch beeinflussen kann, was unterschiedliche Grade des Behaltens in Abhängigkeit von den gewählten Anschauungen bedeutet. Hier soll auf diesen letzteren Aspekt noch nicht eingegangen werden, sondern wiederum bloß die Grundstruktur des Zusammenhangs von Anschauung und Behalten näher erhellt werden.

2.4.1 Behalten

Behalten: Was ist das? Unter Behalten sollte das Festhalten dessen, was begriffen ist, verstanden werden. Behalten schließt den einzelnen – inhaltlich bestimmbaren – Lernprozeß ab. Erst wenn etwas behalten wird, kann im Grunde genommen ein Prozeß als Lernprozeß bezeichnet werden. Die hier zugrunde gelegte Auffassung über Lernen nennt die »dauerhafte Veränderung« von Verhaltensdispositionen als ein unbedingtes Moment des Lernens. Wo keine »dauerhaften«, sondern bloß zeitweilige Veränderungen feststellbar sind, wird noch nicht von Lernen gesprochen. Behalten nun bezieht sich auf eben dies Moment der Dauerhaftigkeit. Behalten meint ganz einfach diese Dauerhaftigkeit. Wo beispielsweise in einem entsprechenden Prozeß das Wissen erworben wird – somit die Disposition kognitiven Verhaltens verändert wird –, daß *in einem rechtwinkligen Dreieck flächenmäßig die Summe der Quadrate über den Katheten gleich dem Quadrat über der Hypotenuse* ist, und wo dies auf Dauer erworben wird, da sprechen wir einfach von Behalten; es wird nämlich behalten, daß *die Summe der Quadrate über den Katheten gleich dem Quadrat über der Hypotenuse* ist.

Behalten ist kein Selbstzweck. Dies zu wissen, ist für intentionale Lernvorgänge wichtig. Mit anderen Worten: Die Absicht von Lernvorgängen darf nicht schon darin gesehen werden, etwas bloß behalten – im Sinne von festhalten, bewahren – zu lassen. Was nützt ein bloßes Behalten solcher Art? Was nützt die bloße Kenntnis des Pythagoräischen Lehrsatzes? Behalten erhält seinen Sinn erst durch die »Erinnerung«, durch die Fähigkeit zur »Reproduktion« des Behaltenen. Wer sich des Pythagoräischen Lehrsatzes erinnert, ihn in seiner gültigen Form reproduzieren kann, kann zuallererst Gebrauch von ihm machen. Um in einem groben Bild zu sprechen: Die Ansammlung unzähliger Goldstücke bedeutet solange einen verborgenen – und damit für den Menschen wertlosen – Schatz, solange man die Goldstücke nicht wieder hervorholen und in den Zahlungsverkehr bringen kann. Wer kennt aus eigenem Erleben nicht jenes, manchmal bedrängende, Phänomen, daß man sich völlig sicher ist, eine Sache, eine Bezeichnung zu kennen, sie aber nicht wieder erinnern kann; man hat sie, so sagt man, »auf der Zunge«, aber man kann sie nicht aussprechen, sie nicht über die Lippen bringen.

Erst in der Erinnerung bestätigt sich Behalten und damit Lernen. Bei Behalten handelt es sich um ein Phänomen des Gedächtnisses, über das die maßgebliche Forschung schon viele einzelnen Erkenntnisse vorgelegt hat, auf die hier aber nicht eingegangen werden soll.* Hier sei die These aufgestellt, daß die Dauerhaftigkeit der Veränderungen, daß Behalten und die Erinnerungsfähigkeit grundsätzlich durch Anschauung ermöglicht und im Einzelfall in besonderer Weise beeinflußt werden.

2.4.2 Lernen und Behalten

Daß Behalten gemäß der hier vertretenen Auffassung von Lernen ein Strukturmoment des Lernprozesses ist, wurde schon gesagt; daß nämlich erst rückblickend ein Vorgang als Lernvorgang ausgewiesen werden kann, wenn auch ein

---

* Wer sich mit Fragen des Gedächtnisses und Ergebnissen der Gedächtnisforschung näher befassen will, dem empfehle ich: K. FOPPA Lernen, Gedächtnis, Behalten, Köln u. Opladen 1965. Wer sich mit der Bedeutung solcher Erkenntnisse für den Unterricht näher befassen will, kann dies bei: M. BÖNSCH, Üben und Wiederholen im Unterricht, 2. erw. u. akt. Aufl., München 1993, bes. S. 31 ff.

Behalten beobachtbar wird. Es muß aber auch darauf hingewiesen werden, daß nicht alle Vorgänge, selbst wenn sie als Lernprozesse beabsichtigt sind, zu Behalten, zu dauerhaften Veränderungen führen, sondern daß dies nur Vorgänge mit ganz bestimmten Voraussetzungen leisten können und daß eine dieser Voraussetzungen offensichtlich in der Anschauung zu sehen ist.
Um dies vor Augen zu führen, soll zunächst einmal der Lernvorgang vom Aspekt des Behaltens aus einer neuen Betrachtung unterzogen werden. Eine entsprechende »anschauliche« Darstellung hierfür findet sich bei R. L. KLATZKY:

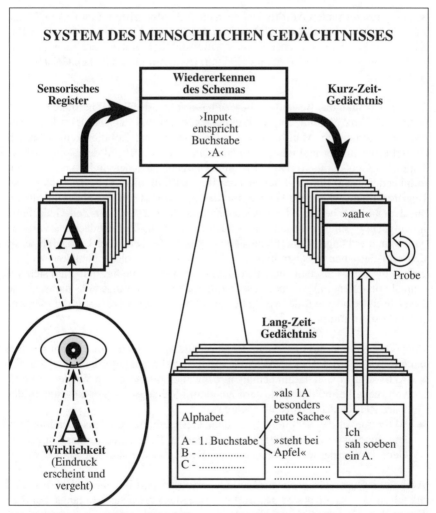

Abb. 2. Modell des menschlichen Informationsgewinnungs-Prozesses (nach: KLATZKY, R. L., Human Memory, Structures and Processes, 2nd Ed., San Francisco 1980, S. 7)

An dieser Darstellung fällt vor allem auf, daß Behalten sich als ein aus mehreren aufeinanderfolgenden Phasen bestehender Vorgang erweist, bzw. daß dem Behalten ein aus mehreren aufeinanderfolgenden Phasen bestehender Vorgang vorhergeht. Es kommt erst zum Behalten, wenn diese Phasen nacheinander durchlaufen sind:
- das sensorische Register,
- das Kurz-Zeit-Gedächtnis und
- das Lang-Zeit-Gedächtnis.

Mit den uns vertrauten Ausdrücken noch einmal aufgegriffen: Erst was im Lang-Zeit-Gedächtnis gespeichert wird, ist von dauerhafter Art; erst hier kann von Behalten und Lernen gesprochen werden. Offensichtlich gibt es aber auch Vorgänge, bei denen etwas begriffen und bloß kurzfristig im menschlichen Geist aufbewahrt wird.

Was aber ist nun das Besondere dieser Phasenfolge, der Prozeßhaftigkeit, die zu Behalten führt? Vereinfacht, aber durchaus zutreffend, ausgedrückt: Die *Aktivität* des Lernenden. Man muß sich vergegenwärtigen, daß dies keinen Prozeß darstellt, der immer und unter allen Umständen entsprechend der Skizze bis ins Lang-Zeit-Gedächtnis verläuft. Er kann vielmehr an jeder Stelle unterbrochen und beendet sein. Ein Eindruck aus der Realität muß nicht über das sensorische Register hinausgehen. Sie kennen alle das Sprichwort »In das eine Ohr hinein, aus dem anderen heraus«. Und was dann tatsächlich in das Kurz-Zeit-Gedächtnis hineingelangt, muß nicht unbedingt auch in das Lang-Zeit-Gedächtnis vordringen. Mancher Dinge erinnert man sich nur kurzer Zeit, etwa der Einkaufsliste für den samstäglichen Wochenmarkt. Welche Bedeutung solche Fähigkeit zu vergessen für den Menschen hat, ist wohl allgemein offenkundig; man muß sich nur einmal vorstellen, mit welcher Last an Eindrücken, Erfahrungen das menschliche Gedächtnis beladen würde, wenn alles gleich von Dauer würde, was der menschliche Geist aufnimmt.

Zum Vergessen kommt es, wenn der Lernende selbst nicht hinsichtlich des Behaltens aktiv wird. Dabei ist Aktivität von ihm mehrfach gefordert:
- Aktiv muß er sich darum bemühen, Umwelteindrücke durch Wiedererkennen von darin befindlichen Mustern aus dem bloß sensorischen Register in das Kurz-Zeit-Gedächtnis zu überführen.
- Aktiv muß er das jetzt immerhin schon Gespeicherte durch Assoziation, Verknüpfung usw. als endgültig und dauerhaft zu Behaltendes in das Lang-Zeit-Gedächtnis einarbeiten (von wo es bei Bedarf wieder aktiviert werden kann).

Aktivität ist also das besondere Merkmal erfolgreichen Behaltens. Überholt und als falsch erwiesen hat sich das Bild des Behaltens als eines Vorgangs, bei dem Eindrücke in Wachstäfelchen eingedrückt werden und dementsprechend Lernende sich dabei bloß passiv-erleidend verhalten müßten. Behalten ist stets die Folge eines aktiven Aneignungsvorgangs, das ohne Eigenaktivität von Lernenden schlechterdings nicht zustande kommt.

Lesen Sie bitte, wie H. AEBLI dies im Rahmen kognitionspsychologischer Erörterungen ausdrückt:
»Visuelle Gegebenheiten werden zwar bildhaft aufgenommen, aber diese Bilder bleiben nur wenige Sekunden erhalten und verblassen sofort wieder: nichts von einer Einprägung in der tabula rasa des menschlichen Geistes! Damit das in den Sinnen Gegebene verarbeitet (›bewußt wahrgenommen‹) und sodann gedächtnismäßig gespeichert wird, muß es entweder sofort sprachlich verschlüsselt, also im einfachsten Falle benannt werden. Oder aber seine Elemente müssen einzeln ›bemerkt‹ und gemäß einem – häufig hypothetischen – Plan zu einem strukturierten Bild verknüpft werden. Eigentlich wahrgenommen und gespeichert wird also nur diese Konstruktion, niemals das passive Abbild der Reizgegebenheit. Die Analyse wird vom Ziel der Konstruktion, also der figuralen Synthese oder einer umfassenden Deutung her, geleitet. Wahrnehmung ist ›Analyse-durch-Synthese‹.«
(H. AEBLI, Zur Einführung, in: U. NEISSER, Kognitive Psychologie, Stuttgart 1974, S. 12)
Auch bei AEBLI finden Sie die Aussage, daß ohne Aktivität kein Behalten möglich ist. Auf weitere Hinweise von AEBLI kommen wir noch zu sprechen.

―――― **Aufgabe** ――――
Versuchen Sie bitte ein eigenes Beispiel für Behalten anhand der von KLATZKY dargestellten Phasen zu strukturieren!

2.4.3 Behalten und Anschauung

Ist für das Behalten Anschauung notwendig? Lesen Sie bitte die Antwort von B. MICHAEL auf diese Frage:
»Einmal mehr lassen sich nur theoretisch die Darstellungen auf dieser dritten Ebene von den beiden vorangegangenen Funktionsebenen trennen (Verf.: Mit dritter Ebene meint MICHAEL das ›Behalten‹, mit den beiden anderen Funktionsebenen das ›Lerninteresse‹ und das ›Begreifen‹). Denn wenn die Veranschaulichung im Unterricht eingesetzt wird, um das Gelernte intensiver einprägen zu lassen und um das Reproduzierenkönnen zu unterstützen und zu verbessern, dann geschieht dies beides nicht, ohne daß diese Leistungen auch abhängig sind von der motivierenden Wirkung der Veranschaulichung auf den Schüler und von ihrer Hilfe zur Erkenntnisgewinnung.«
(B. MICHAEL, Darbieten und Veranschaulichen, Bad Heilbrunn 1983, S. 84)

MICHAEL argumentiert ähnlich wie wir, ohne aber ausdrücklich auf den Lernprozeß und dessen einzelne Momente zurückzugreifen, wie wir das tun:

- Behalten wird nur, was vorher »begriffen« ist – so können wir die Aussage AEBLIs und unsere eigene zusammenfassen –; und da »Begreifen« an Anschauungen gebunden ist, ist Behalten das zugleich auch.

Unter Rückgriff auf die bildhafte Darstellung bei KLATZKY wird dies noch sehr viel deutlicher. Alles im Gedächtnis Gespeicherte muß zunächst durch das »sensorische Register«, muß durch die Sinne. Nur wovon man eine Anschauung hat, kann man mithin auch speichern, also behalten.

Diese grundsätzliche Voraussetzung einzusehen – kein Behalten ohne Anschauung! –, fällt Ihnen sicher nicht schwer. Schwieriger hingegen dürfte sein, den Vorgang des Einprägens und Behaltens von anschaulich Gegebenem so zu verstehen, wie das beispielsweise auch in AEBLIs Aussage ausgedrückt wird (vgl. S. 49!).

Wir haben bereits darauf hingewiesen, daß es falsch wäre, für das Behalten Passivität auf seiten von Lernenden anzunehmen; Behalten erfordert Aktivität. Auf ein weiteres mögliches Mißverständnis ist hinzuweisen:

- Behalten ist nicht als bloßes Einprägen von Bildern, vergleichbar auch der Ablichtung realer Erscheinungen durch Photographie auf Film, aufzufassen. Behalten bedeutet nicht die bloße Überführung von realen Erscheinungen in zunehmend reduzierte – wobei einzelne Dimensionen, Farben usw. wegfallen – Abbildungen.

Das wäre eine simple und empiristisch-positivistische Auffassung, die der aktiven Beteiligung von Lernenden in keiner Weise gerecht wird. Zu solch falschem Verständnis kommt es wohl vor allem, weil oftmals leichtsinnigerweise von der Überleitung von »Bildern« – als sensorischen Eindrücken – in »Vorstellungsbilder« die Rede ist. Es werden zwar »Vorstellungen« gebildet, aber diese sind keine Bilder, haben nicht dieselbe Qualität wie Bilder realer Erscheinungen, sondern – um mit AEBLI zu sprechen – sind Verschlüsselungen, Konstruktionen des menschlichen Geistes, die durch aktive Auseinandersetzung mit den Lerninhalten zustande kommen (bei H. AEBLI: »Analyse-durch-Synthese«).

Vorstellungen als behaltene – ehemals sinnliche – Eindrücke sind keine Abbilder, sondern Konstruktionen eigener Art. Daß tatsächlich sinnliche Eindrücke behalten werden und sie nicht nur als Träger von Lerninhalten fungieren, können Sie sich leicht selber vor Augen führen:

--- **Aufgabe** ---

Erinnern Sie sich doch bitte der Essensfolge eines besonderen Ereignisses in Ihrem Leben (Konfirmation; Kommunion; Verlobung; Hochzeit u. a.)!

Sie werden bemerkt haben, daß Sie nicht nur Speisenamen schreiben konnten, sondern daß Sie sich dabei sogar »innere Bilder« zurückrufen konnten. Sie haben sich möglicherweise nicht nur an die Begriffe für die Speisen erinnert und diese niederschreiben können, sondern vor Ihrem inneren Auge auch das Arrangement der Speisen gleichsam gesehen, vielleicht sogar dazu noch Gesichter Ihrer damaligen Nachbarn usw. Auf jeden Fall: Behalten – und reproduziert – werden nicht nur Lerninhalte, sondern auch Anschauungen, mit denen zusammenhängend sie erworben wurden. Für spätere Erörterungen ist es wichtig, dies in Erinnerung zu behalten.

Daß ohne Anschauungen nicht gelernt wird, es kein Behalten gibt, ist deutlich geworden. Daß die Art der Anschauung, ihre Erinnerungsfähigkeit, das Behalten von Lerninhalten beeinflußt, gilt es hier zunächst einmal bloß anzunehmen und an späterer Stelle zu erörtern. Ein Beispiel mag das aber bereits hier untermauern:
- W. H. BAUR stellte für den Biologieunterricht fest, daß ein und dasselbe Thema, anhand unterschiedlicher Mittel der Veranschaulichung behandelt, zu unterschiedlichen langfristigen Lernerfolgen, sprich Behaltensunterschieden, führte. In allen untersuchten Klassen wurde ein stärkeres Behalten gemessen, wenn der Unterricht Realobjekte statt Dias oder Buch einsetzte.
(W. H. BAUR, Zur Veränderung von Einstellungen durch Unterricht, Päd. Diss., Päd. Hochschule Weingarten 1985)

2.4.4 Zusammenfassung

Sie sollten eingesehen haben:
- *Erstens,* daß alles Lernen sich erst durch Behalten vollendet und daß Behalten immer auf Anschauung angewiesen ist.
- *Zweitens,* daß Behalten nur als Ergebnis einer aktiven Auseinandersetzung des Lernenden mit dem Lerninhalt zustande kommen kann.

Sie sollten auch vermuten,
- daß durch die Art der Anschauung das Behalten nachhaltig gefördert werden kann.

3 Anschaulich unterrichten: Wie?

Vorbemerkungen

Für Lehrer genügt es nicht, darüber Bescheid zu wissen, warum sie die ständige didaktische Aufgabe der Anschauung haben; sie wollen – und müssen – auch wissen, wie sie diese Aufgabe zu lösen haben, wie sie tagtäglich Anschauung im Unterricht verwirklichen können, und zwar erfolgreich verwirklichen können. Eine strukturelle Klärung, die darauf aus ist, Prinzipien didaktischen Handelns zu entwickeln, kann bei den aufgedeckten Funktionen von Anschauung im üblichen Unterricht ansetzen. Das soll geschehen, doch zuvor soll eine Tatsache erläutert werden, die bisher stillschweigend als allgemein bekannt vorausgesetzt wurde: Im Unterricht wird Anschauung durch Mittel besonderer Art geleistet.

In diesem Kapitel sollen Sie
- einsehen, daß es für Lernen im/durch Unterricht typisch ist, daß besondere Mittel Anschauung schaffen;
- eine systematische Übersicht über verbreitete Mittel solcher Art bekommen.

3.1 Anschaulich unterrichten mit Anschauungsmitteln

3.1.1 Ein Beispiel

Aus Ihrer Ausbildungszeit, während eines Schul- und Unterrichtspraktikums, kennen Sie folgende Situation sicher gut:

――― **Beispiel** ―――
Der Mentor fordert eine Gruppe von Lehrerstudenten auf, einen Unterricht unter den angegebenen Bedingungen und zum vorgegebenen Thema/Ziel zu planen. Einer der Entwürfe soll dann auch in Praxis umgesetzt werden.

Klasse:	3. Schuljahr (Jungen und Mädchen)
Fach:	Heimat- und Sachunterricht
Thema:	Die Einkaufs- und Fußgängerzone der Heimatstadt
Ziel:	Die Schüler sollen einen ersten Überblick über den Straßenverlauf (Namen) und die für sie bedeutsamsten Einkaufsstätten und deren Lage haben.

――― **Aufgabe** ―――
Beziehen Sie diesen Auftrag bitte auf sich und gehen von Ihrer eigenen Heimatstadt oder auch Ihrem Studienort aus. Führen Sie bitte in der Reihenfolge des

vorgesehenen Einsatzes alle Mittel an, die Sie zur Veranschaulichung einsetzen wollen und begründen Ihre Entscheidung/Auswahl stichwortartig!

Sollten Sie Schwierigkeiten gehabt haben, die Aufgabe vor sich selbst zufriedenstellend zu lösen, dann vergleichen Sie bitte die folgend von verschiedenen Lehrerstudenten gemachten Vorschläge! Welchen halten Sie für besonders gut?

a) Ein Gang durch das Einkaufs-/Fußgängerviertel; im Klassenzimmer am Stadtplan den Weg noch einmal nachverfolgen; Straßennamen an Tafel auflisten; Namen von Einkaufsstätten an Tafel schreiben.
b) Mit Epidiaskop Stadtplan an Wand projizieren (mit weißem Papier bespannt), hauptsächliche Straßenverläufe einzeichnen; im Unterricht mit Kindern aus Erinnerung vervollständigen (Straßennamen, Namen und Lage von Kaufstätten eintragen usw.).
c) Stadtplan (je Tisch einer) zur Vorbereitung eines Ganges durch Einkaufs-/Fußgängerzone; Namen an Tafel noch einmal; Gang mit Erledigung besonderer Aufträge (z. B. Straßenschilder zeichnen, Schaufensterauslage beschreiben); Spiele mit Stadtplänen im Klassenzimmer (z. B. in welcher Reihenfolge würdest Du die Geschäfte aufsuchen, wenn Du Käse, Fleisch, Toilettenartikel und Apfelsinen einkaufen müßtest!?)

3.1.2 Mittel schaffen Anschauungen

Anschauung im Unterricht haben wir bisher als ein Moment des Lernens aufgefaßt, das für dieses essentiellen Charakter hat, ohne daß es kein Lernen gibt. Anschauung erwies sich im einzelnen als förderlich für das *Lerninteresse,* das *Begreifen* und das *Behalten;* Anschauung begründet vor allem Lernen, und zwar indem sie die für die Auseinandersetzung von Lernenden mit Lerninhalten erforderliche Grundlage schafft: Anschauung repräsentiert, vergegenständlicht Lerninhalte, so daß sie zuallererst erfahrbar, greifbar für Lernende werden, Lernende sich mit ihnen auseinandersetzen können. Wie geht dies vor sich?

──── **Beispiel** ────
Ein kleines achtjähriges Kind in Indien lebt in einem Dorf, in dem die Feldarbeit mit Hilfe von Wasserbüffeln, die Waldarbeit mit Hilfe von Elefanten getan wird. Tagtäglich sieht es diese Tiere bei der Arbeit, auf den Wegen und an der Tränke; tagtäglich sieht es die Kolosse, hört ihr Schnaufen und Trompeten, riecht ihre Ausdünstung usw.
Dieses kleine Kind weiß sehr bald und sehr genau, was ein Elefant ist, weil es diesen unmittelbar erfährt, ihn wahrnimmt, ihn mit allen seinen Sinnen aufnimmt. D. h. es hat Anschauung von dem, was es lernt, vom Elefanten, von dessen Erscheinung und dessen Merkmalen.

──── **Gegenbeispiel** ────────────────────
Selbst heutzutage lernt wohl jedes mitteleuropäische Kind irgendwann, was ein Elefant ist. Angenommen, es nimmt niemals einen Elefanten unmittelbar wahr, da es weder nach Indien reist, noch jemals in den Zirkus geht o. ä.; es sieht auch keine Filme, keinen Fernsehbericht, kein Bild usw. vom Elefanten. Wenn im Unterricht auf Elefanten eingegangen wird, muß der Lehrer diesem Kind beibringen, was einer ist. Er wird dies tun – abhängig von seiner Lehrabsicht und der Bedeutung, die dafür die Kenntnis von Elefanten hat –, indem er dem Kind Bilder zeigt, ihm Bilder im Buch nachschlagen läßt, möglicherweise sogar einen Film vorführt oder auf einen Beitrag im Fernsehen hinweist und das Kind auffordern, sich diesen anzusehen, oder er bringt eine Plastik aus Holz oder Elfenbein mit...

―――――――――――――――――――――――――――――――――

Die Reihe könnte leicht fortgesetzt werden. Das Beispiel macht schnell deutlich, daß aufgrund der fehlenden Möglichkeit zur unmittelbaren sinnlichen Wahrnehmung des Elefanten diese Möglichkeit zur Wahrnehmung geschaffen wird. Und diese Möglichkeit zur sinnlichen Wahrnehmung schaffen »Mittel«, das Bild, der Film, die Plastik u.a. An die Stelle der originalen Wirklichkeit – der Elefanten im indischen Dorf, an denen das kleine indische Kind lernt, was Elefanten sind – treten Mittel, das Bild, der Film, die Plastik u. a. des Elefanten, an denen das kleine europäische Kind lernt, was Elefanten sind.

Bisher war ohne weitere Erläuterung oft von Anschauung als einem Mittel des Unterrichts die Rede. Um kein falsches Verständnis aufkommen zu lassen, sollten wir nunmehr die Anschauung selbst nicht mehr als ein Mittel bezeichnen – obwohl dies von der Funktion im Unterricht her durchaus berechtigt ist –, sondern als ein Moment des Lernens, des Unterrichts. Von Mitteln sprechen wir dann bei solchen, die Anschauung schaffen. *Anschauungsmittel im didaktischen Sinne sind alle erkennbaren Gegenstände, Einrichtungen, Maßnahmen usw., die im Unterricht eingesetzt werden, um Anschauung von dem zu Lernenden, den Lerninhalten zu schaffen.*

Anschauungsmittel sind nicht dasselbe wie Lehr- und Lernmittel; diese leisten mehr als bloß Anschauung, können aber im Einzelfall zugleich auch Anschauungsmittel sein. Medien dagegen, wie heute vielfach die Bezeichnung lautet, sind in der Regel Lehr- und Lernmittel. Wir wollen hier weiterhin von Anschauungsmitteln reden, weil wir vom zentralen Problem der Anschauung ausgingen, die vielfachen weiteren Funktionen von Medien aber aus der Betrachtung ausblendeten.

Anschauung als unabdingbares Moment für Lernvorgänge wird im Unterricht durch besondere Mittel geschaffen, die Anschauungsmittel. Ohne solche Mittel käme es nicht zu Lernvollzügen, würde Unterricht seinen Zweck nicht erfüllen, würde schlechthin nicht Unterricht sein. Was leisten diese Mittel? Machen wir uns das noch einmal deutlich:

– Das Bild z. B. des indischen Elefanten bringt dem europäischen Kind den Elefanten vor Augen, besser: das, was es über den Elefanten lernen soll.

Das Mittel – hier: Bild – bringt vor die Sinne – hier: Augen – des Lernenden, was er lernen soll. Indem es das zu Lernende, den Lerninhalt, vor die Sinne bringt, macht es diesen ergreifbar, und zwar in einem zweifachen Sinne:
– Einerseits kann so erst die Fähigkeit des Lernenden zur Geltung kommen, der nur sinnlich wahrnehmen kann;
– andererseits wird so erst der an sich »ideelle« Lerninhalt für die Sinne wahrnehmbar.

Anschauung, geschaffen durch Mittel, erweist sich somit als Medium, nicht als bloß äußere, aber auch nicht als bloß innere Bedingung des Lernens. Anschauung im Unterricht kommt durch Mittel zustande, die den gemeinten Sachverhalt für den Lernenden ergreifbar machen. Was deutlich sein sollte, was besonders wichtig ist: *Anschauungsmittel sind nicht Anschauung, sondern sie schaffen Anschauung im unterrichtlich organisierten Lernprozeß.*

―――― **Aufgabe** ――――――――――――――――――――――――
Wenn wir bei unserem Elefantenbeispiel bleiben und es auch durchaus einmal überspitzt beanspruchen: Wie würden Sie Anschauung schaffen? Durch welche Mittel?

Trompetentöne? – Elfenbeinfarbe? – Schmutzkruste auf der Haut?
―――――――――――――――――――――――――――――――――――

Wenn Sie zu diesem Zeitpunkt nicht ganz sicher sind,
● daß Unterricht auf Anschauungsmittel angewiesen ist,
● daß Anschauungsmittel nicht dasselbe sind wie die Anschauung,
dann sollten Sie diesen Abschnitt noch einmal lesen! Sie sollten aber auch noch folgende Aufgabe lösen:

―――― **Aufgabe** ――――――――――――――――――――――――
Mit welchen Mitteln würden Sie die Trollinger-Traube (eine rote Weintraube von besonderem Geschmack) veranschaulichen?*
―――――――――――――――――――――――――――――――――――

3.1.3 Anschauungsmittel

In den Elefanten-Beispielen tauchten mehrere verschiedene Anschauungsmittel auf, das Bild, der Film, das Fernsehfeature, die Skulptur. Auch ohne daß sich

――――――――――
* Obwohl »veranschaulichen« im Schulalltag oft oberflächlich verwendet wird, steht es hier gleichbedeutend mit »Anschauung schaffen« »anschaulich machen«.

gleich die Frage nach der Wirksamkeit stellt, möchte man doch gerne eine verständliche Übersicht über die möglichen Mittel haben, ganz einfach um Ordnung in das didaktische Denken zu bringen. Welche Mittel gibt es?
An erster Stelle muß man wohl die *originalen Gegenstände*, die *Ausschnitte der Wirklichkeit* usw. nennen, über die etwas gelernt wird. Der Lehrer hätte beispielsweise einen echten indischen Elefanten in das Klassenzimmer holen können. Der wäre dann in diesem Fall das Anschauungsmittel gewesen. Er wäre zu dem Zweck, den Lerninhalt »Elefant« zu veranschaulichen, damit dieser gelernt werden kann, in den Unterricht geholt worden. Er ist also – didaktisch betrachtet – ohne Zweifel ein bloßes Mittel. Mit anderen Worten: Der Elefant ist nicht um seiner selbst willen im Klassenzimmer, sondern erfüllt dort unterrichtliche Zwecke.
Auch »*Originale*« sind Anschauungsmittel. Es fällt sicherlich gelegentlich schwer, von originalen Gegenständen als Mitteln zu sprechen, aber es ist so. Schwer fällt dies vor allem, solange man sich nicht über die »ideelle« Art von Lerninhalten im Klaren ist. Vielleicht denken Sie jetzt an Unterrichtsbeispiele wie das folgende:

------- **Beispiel** -------
Ein Lehrer besucht mit seiner Klasse, ein 12. Schuljahr, die örtliche Bierbrauerei. Vom Braumeister werden die Schüler durch den ganzen Betrieb geführt, die Vorgänge, Einrichtungen usw. werden ihnen erläutert. Den Abschluß bildet wie üblich die Probe der Biere in fröhlicher Runde...

Sehen Sie ein, daß die Brauerei für den Unterricht ein Anschauungsmittel darstellt? Sie mögen einwenden, daß aber die Schüler doch dort gewesen sind, an Ort und Stelle, eine eigene und unmittelbare Erfahrung gemacht haben, sogar mit allen ihren Sinnen, sie haben das Bier geschmeckt, den herben Hopfen gerochen, den glatten Kupferkessel gefühlt, den Gärprozeß gesehen, die platzenden Blasen auf dem Jungbier gehört usw. Ja, die Schüler haben ein Erlebnis gehabt, eines, das sie unabhängig von der Tatsache, daß es im Unterricht stattfand, gerne in Erinnerung behalten werden. Didaktisch betrachtet, erweist sich der gesamte Brauereibesuch als eine besondere Art von Lernveranstaltung; und bei dieser Lernveranstaltung kommen zahlreiche originale Gegenstände des Brauereizubehörs, auch originale Abläufe im Brauvorgang als Mittel zum Einsatz, u. a.:
– am Hopfen dieses beobachteten Brauvorgangs wird anschaulich, daß Hopfen herb riecht, und die Schüler wissen dies künftig;
– am örtlichen Bier wird der typische Biergeschmack anschaulich und somit gelernt (wenn nicht sprachlich ausdrückbar, so doch wiedererkennbar).

»Originale«, so wollen wir abkürzend sagen, sind als Anschauungsmittel einsetzbar. Ob sie im Vergleich mit anderen Mitteln eine besondere Bedeutung haben, wird im nächsten Kapitel erörtert. »Originale« können im originalen Zustand –

in der üblichen Umgebung, im üblichen Zusammenhang, ohne Abstriche usw. – können aber auch in reduziertem Zustand zu Anschauungsmitteln werden, wie z. B. der Verbrennungsmotor aus dem Fahrzeug herausgelöst werden kann oder vom Motor bloß noch der Zylinderblock in den Unterricht genommen wird.

---- **Aufgabe** ----
Erinnern Sie sich bitte an Unterricht, in dem ausdrücklich »Originale« zum Lernen verwendet wurden!

Einfacher fällt es, Darstellungen, Abbildungen originaler Gegenstände und Vorgänge als Anschauungsmittel anzuerkennen. Das gewöhnliche Klassenzimmer ist voll von ihnen: das Wandbild, die Landkarte, die Tafelzeichnung, das Buch, die Folie, um nur einige zu nennen. Und in Ihnen dürfte jetzt der Gedanke aufsteigen, daß solche Abbildungen nicht allein nur als Mittel für Veranschaulichungen aufgefaßt werden können, sondern daß man auch die mit ihnen zusammengehenden, zusammengehörigen Geräte und Vorrichtungen dazuzählen muß. Was wäre die Folie ohne den Overhead-Projektor, die Tafelzeichnung ohne Tafel und ohne Kreide!? Die Zahl möglicher Mittel vergrößert sich also zusehends, die Übersicht wird schwieriger.
Ein weiterer Komplex von möglichen Anschauungsmitteln steht aber noch aus. Ohne Zweifel ist das schon quantitativ bedeutsamste Anschauungsmittel im Unterricht die *menschliche Sprache*. Und neben diesem stehen dem Menschen noch sogenannte nonverbale Kommunikationsmittel zur Verfügung, die *Gestik* und *Mimik*. Und alle diese Kommunikationsmittel sind unterrichtlich als Anschauungsmittel nutzbar. Die durch eine spannende Lehrererzählung über den »Prager Fenstersturz« geschaffene Anschauung muß einer durch Bilder bewirkten nicht nur nicht nachstehen, sondern ist ihr durchaus in vielem sogar überlegen.

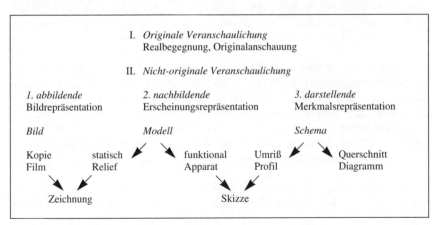

Abb. 3: *Schema der Veranschaulichungsformen nach R.* KECK *(1973, S. 420)*

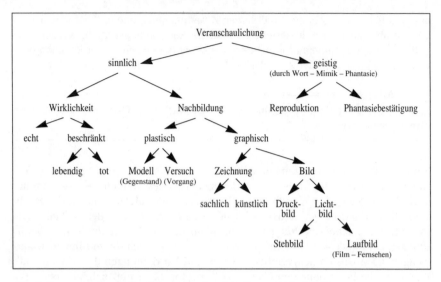

Abb. 4: Formen der Veranschaulichungsmittel nach F. HUBER (1965, S. 105)

Daß gerade hier eine andere Beschaffenheit von Anschauung vorliegt, als im Falle des Einsatzes von Bildern, wird auf Anhieb einsichtig. Und um eine Übersicht über Anschauungsmittel zu geben, wird auf solche Unterschiede zurückgegriffen. Dabei wird in der Regel von der Entgegensetzung originaler Gegenstände und menschlicher Sprache ausgegangen. Originale Gegenstände schaffen Anschauungen, die in ihrer Qualität »konkret« sind, die Sprache hingegen schafft »abstrakte« Anschauung, d. h. solche, die über Vorstellungen wirksam werden, über die Rekonstruktion ehemals sinnlicher Wahrnehmungen. Auf die Aufnahme gerade der Sprache bzw. der durch sie erreichbaren Anschauung in sein »Schema der Veranschaulichungsformen« verzichtet KECK unbegreiflicherweise, wohingegen sie bei HUBER enthalten ist (vgl. S. 57 u. S. 58).

Sie werden erkannt haben, daß beide Systeme keine Auflistung der möglichen realen Anschauungsmittel bringen, sondern bloß eine Kategorisierung vornehmen. Es ist auch ganz unmöglich, alle nur denkbaren Mittel im einzelnen aufzuführen; die Zahl möglicher Anschauungsmittel ist so groß, weil schlechthin alle nur erdenklichen Gegenstände, Dinge, Vorgänge usw. zu Anschauungsmitteln im Unterricht werden können, wobei sie einzeln oder auch in Kombination miteinander diese Funktion übernehmen.

―――― **Aufgabe** ――――――――――――――――――――――――――――
Ordnen Sie bitte die folgenden Anschauungsmittel den Systemen von KECK und HUBER zu!

	KECK	HUBER
– Bild eines Elefanten		
– Schallplatte mit »Bolero« (RAVEL)		
– Lehrererzählung über das »Samariter«-Gleichnis		
– Aufgeschnittener Zylinderblock		
– eigene Katze des Lehrers		

3.2 Muß es immer das Original sein?

3.2.1 Beispiele

So ähnlich hat es sich zugetragen.

────── **Beispiel 1** ──────────────────────────────

Anfang der 60er Jahre fragte ein Schulrat einen Junglehrer, den er erstmals besuchte: »Warum haben Sie nicht das Original eingesetzt?« Vorausgegangen war eine 45-minütige-Unterrichtsstunde in einem 3. Schuljahr im Heimat- und Sachunterricht über das Thema »Zähneputzen«. Ein Merktext, den die Schüler eifrig auf ein Blatt in ihre Sachkundemappe übertrugen, stand an der Tafel, den Text selbst zierten einige bunte Zeichnungen (Zahnbürste, Zahnputzglas, Zahncreme), wirklich hübsch gemacht und von den Kindern mit *Ahhs* und *Ohhs* begleitet, als der Lehrer sie an die Tafel zeichnete. Der Lehrer hatte über das Zähneputzen geredet, die Schüler erzählen und diskutieren lassen, informiert über Zahnschäden, Notwendigkeit des Zähneputzens, Bürstenbewegungen vorgemacht usw.
Was der Schulrat vermißte, waren reale Zahnbürste, Zahnpasta und Putzglas sowie der tatsächliche Putzvorgang, vom Lehrer vorgeführt und von den Schülern nachgemacht.
Es antwortete der Junglehrer: »Wir haben nur ein Waschbecken hier, und es hätte eine große Kleckerei gegeben. Der Aufwand erschien mir nicht vertretbar, zumal die Schüler ja alle gute Erinnerungen an die tägliche Prozedur haben.«

────── **Aufgabe** ──────────────────────────────
Was hätten Sie geantwortet (oder hätten Sie das Original eingesetzt)?

―――― **Beispiel 2** ――――――――――――――――――――――――――――
Zu etwa derselben Zeit fragte da ein anderer Schulrat einen anderen Junglehrer: »Warum haben sie keine Frösche mitgebracht?« Und er fragte gleich weiter, ganz freundlich und bescheiden: »Darf ich einmal vormachen, wie Frösche machen?« – und er machte vor, indem er beide ineinander-verschlungenen Hände vor den Mund hob, hineinprustete und hineinblies und dabei die Handmuschel hin- und herdrehte, was tatsächlich ein froschähnliches Quaken hervorbrachte.
Auch hier war ein Heimat- und Sachunterricht in der Grundschule vorausgegangen, diesmal zum Thema »Der Frosch: Vom Ei zum Lurch«. Der Lehrer hatte auf Schülerschilderungen über Beobachtungen in Wassergräben und Tümpel aufbauend, die Stadien der Entwicklung behandelt. Als sie in Stichworten an der Fronttafel festgehalten worden waren, klappte der Lehrer eine lange Seitentafel auf und enthüllte ein langes und buntes Bild, das die Entwicklung des Frosches sehr eindeutig zeigte. Stolz nahm der Lehrer die guten Urteile der Schüler auf, hatte er das Bild doch in mehreren Stunden am Samstagnachmittag vorbereitet, um es am Montag zur Verfügung zu haben.

―――― **Aufgaben** ―――――――――――――――――――――――――――――
1. Was hätten Sie dem Schulrat geantwortet?
2. Welche Frage hätten Sie dem Lehrer des vorigen Falles gestellt?

―――― **Beispiel 3** ――――――――――――――――――――――――――――
Das Thema einer Biologiestunde im 5. Schuljahr einer Kleinstadtschule lautete »Die Hauskatze«. Das Lernziel war formuliert: »*Die Schüler sollen die Katze als kuscheliges, anschmiegsames Tier und possierlichen Hausgenossen kennenlernen*«. Der Lehrer hatte die Schüler über Katzenerlebnisse berichten lassen, Rassenbezeichnungen sammeln und an die Tafel schreiben lassen, Dias von verschiedenen Katzen gezeigt und bat gegen Ende der Stunde die Schüler, doch einmal sehr aufmerksam nach vorne zu schauen: Er griff in einen bisher hinter seinem Tisch für die Schüler verborgenen Karton und holte eine kleine Katze hervor und reichte sie dem ersten Schüler mit der Aufforderung: »Streichle sie ganz sanft und gib sie dann an die anderen weiter, damit jeder sie einmal halten und fühlen kann!« Der Lehrer war ganz offensichtlich sehr stolz auf diesen didaktischen Einfall.

Sachkommentar: Er setzte das Original ein.

3.2.2 Zur Frage: Muß es immer das Original sein?

Muß es immer das Original sein? Diese Frage hört man häufig. Und man vermeint immer einen Unterton mitzuhören, der beim Fragen mitschwingt: »Es kann doch eigentlich gar nicht anders sein, als daß eigentlich das Original eingesetzt werden müßte. Alles andere ist doch bloß Ersatz, ist Notlösung aus irgendwelchen Gründen.« Ist das tatsächlich so? Ist alle andere Anschauung als die am Original bloßer Ersatz? Damit auch minderwertig?

Gehen wir von einem einsichtigen Beispiel aus, durch das die Frage noch näher erläutert werden kann:

---- **Beispiel** ----
Im Unterricht geht es um die »Funktion des Verbrennungsmotors«, d. h. die Schüler sollen begreifen, wie ein solcher Motor arbeitet (Brennstoffzufuhr in Form eines Gemisches aus besonderem Gas und Luft; Verdichtung im Zylinder durch den Kolben; Explosion und Kolbenhub; Spiel der verschiedenen Ventile etc.). Es leuchtet ein, daß hier unterschiedliche Mittel eingesetzt werden können, um die erforderliche Anschauung zu schaffen:
– der Motor unter der aufgeklappten Haube eines Autos;
– der herausgenommene Motor;
– der aufgeschnittene Motorblock;
– das Modell eines Motors;
– der Film über den Motor;
– die Bilderreihe über den Motor usw.

Würden wir die Frage danach, ob es immer das Original sein muß, mit ja beantworten, dann müßten wir in diesem Fall konsequenterweise alle anderen als den »Motor unter der aufgeklappten Haube« und den »herausgenommenen Motor« ausschalten, da nur diese als Original in Frage kommen. Bei allen anderen handelt es sich um reduzierte, zubereitete Artefakte.
Bei unvoreingenommener Betrachtung sind alle im Beispiel aufgeführten Arten zur Veranschaulichung der »Funktion des Verbrennungsmotors« in einer Weise gleich: Alle sind Mittel, an denen gelernt werden kann, was gelernt werden soll; sie sind für den Lernprozeß Mittel, Lernmittel – oder wie man heute auch sagt: Medien. Darin unterscheidet sich der originale Motor in nichts von der Bilderreihe. Und unter dem Gesichtspunkt solchen Mittels gibt es keine evidente Antwort, die eine eindeutige Aussage zugunsten des Originals machen könnte.
Die meisten würden hier wohl eine Entscheidung zugunsten des »Modells« treffen, weil es die »Funktion« am »anschaulichsten« vor Augen führt. Offensichtlich kann man im Einzelfall immer unterschiedliche Grade von Anschaulichkeit ausmachen, wobei die Unterschiedlichkeiten Folge der verwendeten Mittel für die Anschauung sind.
Wenn wir im folgenden der Frage »Muß es immer das Original sein?« weiter nachgehen, weil diese häufig gestellt wird, dann tun wir dies einerseits vom Aspekt des »Mittels« aus, versuchen aber andererseits auch dem Grund auf die Sprünge zu kommen, der diese Frage immer wieder laut werden läßt.

3.2.3 Sekundärerfahrungen im Unterricht

Selbst unterrichtsunerfahrene Beobachter würden wohl schnell erkennen, daß im Unterricht selten an originalen Gegenständen gelernt wird, daß vielmehr in der Regel die Originale ersetzt werden. Das gesamte Klassenzimmer ist im Grunde genommen ein konstruierter Ersatzkomplex:
– die Wandtafeln, an denen Bilder, Skizzen und Wörter erscheinen können;
– Leisten, Haken und Ösen, an denen vorgefertigte Bilder und Karten aufgehängt werden können;
– ausgesparte weiße Flächen an den Wänden oder entrollbare Leinwände für Projektionen;
– heutzutage der nirgends mehr fehlende Overhead-Projektor auf seinem besonderen Projektionstisch usw.

Führen wir uns noch einmal die besondere Funktion von Unterricht vor Augen, *Ort des intentionalen Lernens* zu sein, dann wird auch erklärlich, warum mit stellvertretender Originalität statt mit dieser selbst umgegangen wird. Im Unterricht vollzieht sich Lernen absichtlich, zielgerichtet und systematisch, abgesehen von den dabei eintretenden »ungewollten Nebenwirkungen« und dem »heimlichen Lehrplan«. *Funktional* ereignet sich Lernen in allen Lebensvollzügen, im menschlichen Umgang in der Familie, auf der Straße, in der zufälligen Begegnung mit Erscheinungen und Vorgängen usw. Es wäre nun aber falsch, für funktionale Lernvollzüge anzunehmen, sie wären stets und ständig Primärerfahrung. Auch funktionales Lernen bedeutet nicht, alles »am eigenen Leibe« zu erfahren; auch hier besteht Lernen vielfach in der Übernahme von Erfahrungen anderer, also in Sekundärerfahrungen. Zwar ist bei solchem Lernen keine ausdrückliche Institution mit feststehender Organisation geschaffen, aber – wie beispielsweise im familiären Umgang mit älteren Verwandten – Erfahrungen werden weitergegeben. Es ist auch ganz offensichtlich ein Zeichen unserer Zeit, daß Menschen verhältnismäßig wenig durch eigene, durch Primärerfahrungen lernen, viel dagegen durch Sekundärerfahrungen, und zudem dadurch, daß der Anteil des Lernens durch Tertiärerfahrungen ständig wächst. Kinder vor dem Fernsehschirm lernen durch Tertiärerfahrungen; zwischen die durch andere gemachte und aufbereitete Erfahrung schiebt sich noch das massive Medium Fernsehen mit seinem ungeheuren technischen Apparat, aber auch seinen die Erfahrung beeinflussenden Meinungs-, Selektions-, Weitergabemechanismen. Lernen aus erster Hand ist schon lange durch solches aus zweiter Hand ersetzt, und der Weg scheint unaufhaltsam zum Lernen aus dritter Hand zu führen.

Wenn dies schon für ungelenktes Lernen festgestellt werden kann, dann darf es nicht wundern, wenn gelenktes, institutionalisiertes Lernen kaum noch Primärerfahrungen zuläßt und statt dessen fast ausschließlich durch Sekundärerfahrungen – oder Tertiärerfahrungen – zustande kommt. Allerdings wird für gelenktes Lernen auch gerade die Tatsache, daß es gelenkt ist, zum Angelpunkt, um Primärerfahrungen im Unterricht ausdrücklich und zielstrebig zu ermöglichen, wenn dies sich als notwendig und wünschenswert erweist. Gerade heute gibt es mit dem Konzept des »erfahrungs- und handlungsorientierten Lernens« verstärkte Versuche dazu. Aber solche Ausnahmen sollten uns nicht darüber hinwegtäuschen, daß Unterricht in der Regel Sekundärerfahrung beinhaltet; und Sekundärerfahrungen sind nicht unbedingt auf Originale der Erscheinungen, Vorgänge, Sachverhalte usw. angewiesen, mit denen Lernende sich auseinandersetzen können.

Wo Sekundärerfahrungen institutionell vorgesehen, organisatorisch abgesichert und wunschgerecht herbeigeführt werden, da werden Mittel jeglicher Art für die Anschauung erforderlich und auch eingesetzt und da erhält auch das Original den Charakter eines Mittels.

3.2.4 Der »Kegel der Erfahrung«

Zu diesem Zeitpunkt ist auch nach einer verständlichen und einprägsamen Übersicht über mögliche Mittel für Anschauungen zu fragen, wobei eine Übersicht, die auch den von uns verwendeten Erfahrungsbegriff berücksichtigt, besonders wünschenswert wäre. Eine solche gibt es nun tatsächlich, und zwar im »Kegel der Erfahrung« (»cone of experience«) von EDGAR DALE.

DALE untersucht die »audiovisuellen« Methoden des Unterrichts und im Zusammenhang damit ordnet er die lernwirksamen Erfahrungssituationen, die für den Unterricht typisch sind. Er gelangt zu elf unterscheidbaren und häufig auftretenden Lernsituationen im Unterricht (1969, S. 107 ff.):

1. Lernen durch unmittelbare, zweckvolle Erfahrungen;
2. Lernen durch zubereitete Erfahrungen;
3. Lernen durch dramatisierte Erfahrungen;
4. Lernen durch Demonstrationen;
5. Lernen durch Exkursionen;
6. Lernen durch Ausstellungen;
7. Lernen durch Schulfernsehen;
8. Lernen durch Filme;
9. Lernen durch Schallplatten, Radio und Standbilder;
10. Lernen durch visuelle Symbole;
11. Lernen durch verbale Symbole.

In allen Fällen handelt es sich nach Auffassung von DALE um ganz bestimmte strukturierte Erfahrungssituationen, in denen und durch die Menschen lernen. DALE nennt dabei jeweils das die Situationen strukturierende Moment, z. B. die Dramatisierung, die Ausstellung, die visuellen Symbole. Folgend werden entsprechend der obigen Reihung kurze Beispiele für die jeweilige Lernsituation aufgeführt:
1. Ein Kind zieht Pfeffer in seine Nase, niest, seine Augen tränen. Es weiß nunmehr, wie scharf Pfeffer ist.
    (DALE, E., S. 111: »Durch Sehen, Hören, Tasten, Fühlen und Riechen – durch die ungekürzten Erfahrungen des Lebens – bauen wir unseren Reichtum an bedeutungsvollen Informationen und Ideen auf.«)

2. Kinder fahren mit kleinen Modellautos, Fahrrädern o. ä. durch einen Verkehrsgarten und lernen dabei einzelne Verkehrsregeln.
   (DALE, E., S. 115: »Eine zubereitete Erfahrung ist... eine »Herausgabe« der Wirklichkeit – ein Prozeß des ›Weglassens‹, der immer dann notwendig wird, wenn die realen Dinge oder Situationen nicht klar wahrgenommen werden können – wenn sie zu groß oder zu klein sind oder wenn die uns interessierenden Dinge im Dunkeln liegen oder verwirren oder verborgen oder einfach zu kompliziert sind.«)
3. Kinder spielen Kaufmann und Kunde, bezahlen mit Pfennigen, Groschen und Mark und lernen dabei die Zehnerüberschreitung.
   (DALE, E., S. 116: »Wir können keine unmittelbare Erfahrung von Ereignissen haben, die vor unserer Geburt stattfanden, und wir können bestimmte Ideen nicht hören oder fühlen, die zu abstrakt und symbolisch für zubereitete Erfahrungen sind.«)
4. Der Lehrer demonstriert einen geschlossenen Stromkreis, die Kinder lernen diesen.
   (DALE, E., S. 119: »Eine Demonstration ist eine sichtbare Erklärung bedeutender Tatsachen, Ideen oder Prozesse. Oftmals macht der Demonstrator Gebrauch von Fotografien, Zeichnungen, Filmen, Ausstellungsstücken oder Bewegungsstudien. Er zeigt, wie gewisse Dinge getan werden. Manchmal erläutert er auch eine allgemeine Erkenntnis, indem er darstellt, wie ein allgemeines Prinzip im Einzelfall wirkt.«)
5. Kinder einer 2. Klasse beobachten Gärtner bei der Arbeit im Gewächshaus.
   (DALE, E., S. 120: »Bedenken Sie, daß zwar während einer Exkursion manchmal unmittelbare Erfahrungen gemacht werden können, daß aber die Exkursion selbst primär unternommen wird, um ein Ereignis beobachten zu können, das im Klassenzimmer nicht wahrnehmbar ist.«)
6. Die Schulklasse besucht das städtische Heimatmuseum.
   (DALE, E., S. 120: Trotz aller Unterschiede – »Alle Ausstellungen haben eines gemeinsam – sie sind etwas, das von Zuschauern gesehen wird.« Sie sind »ready-made« oder »home-made«).
7. Kinder verfolgen am Bildschirm den Start einer Mondrakete.
   (DALE, E., S. 122: »Wenn wir einen Film sehen, wissen wir, daß alles, was wir sehen, festgelegt ist, weil es gefilmt wurde; es ist schon Geschichte. Eine Live-Übertragung durch das Fernsehen hingegen ist entstehende, sich entfaltende Geschichte, wobei der Ausgang ungewiß ist.«)
8. In der Klasse wird ein Film über Eichhörnchen vorgeführt.
   (DALE, E., S. 121: »Wenn Schüler einen Film anschauen, machen sie keine unmittelbaren Erfahrungen des Berührens, Tastens, Handhabens oder Fühlens. Sie beobachten einen Vorgang und werden in bloß imaginativer Weise angesprochen.«)
9. Im Musikunterricht hören Schüler den »Bolero« von Ravel.
   (DALE, E., S. 122: »Alle diese Materialien sind weniger unmittelbar als die früher erörterten audiovisuellen Erfahrungen.«)

10. Schüler verfolgen die vom Lehrer an der Tafel entwickelte Skizzenreihe über die Stadien einer Atomteilung.
(DALE, E., S. 124 u. 125: »Bei diesem Abschnitt des Kegels haben wir es nicht mehr länger mit realistischer Reproduktion tatsächlicher Gegenstände zu tun. Statt dessen haben wir hier hoch abstrahierende Repräsentationen.« – »In allen solchen Repräsentationen spielt das symbolische Element eine besondere Rolle.«)
11. Eine Diskussion über das Problem einer »35-Stunden-Woche« findet im Klassenzimmer statt.
(DALE, E., S. 127: »Verbale Symbole haben äußerlich nichts gemein mit den Gegenständen oder Ideen, für die sie stehen. ... Das Wort ›Pferd‹, so wie wir es schreiben, sieht nicht aus wie ein Pferd oder hört sich an wie ein Pferd oder fühlt sich an wie ein Pferd. ... Das verbale Symbol kann ein Wort für eine konkrete Sache (›Buch‹) sein, für eine Idee (›Freiheit der Rede‹), für ein wissenschaftliches Prinzip (›Gesetz der Schwerkraft‹), eine Formel (›$e = mc^2$‹), ein moralisches Prinzip (›Alle Menschen sind Brüder‹) oder irgendeine symbolische Darstellung einer Erfahrung.«)

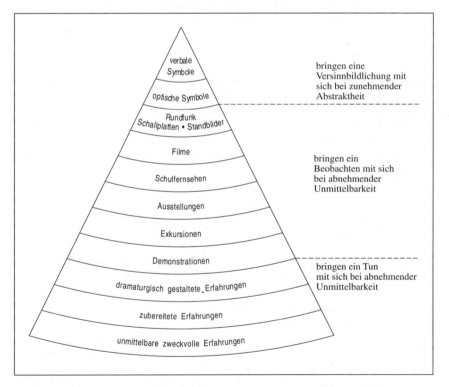

Abb. 5: »Kegel der Erfahrung« nach E. DALE (zit. nach W. H. PETERSSEN, 1994, S. 386/387)

Um diesen Kegel nicht falsch zu verstehen, müssen wir uns noch einmal deutlich vor Augen führen, daß er nur unterrichtlich beanspruchte Erfahrung systematisiert. Selbst das unterste Band »unmittelbarer Erfahrungen« meint nicht die üblichen Lebenserfahrungen, sondern durch und im Unterricht vermittelte Erfahrungen, wie durch das Hinzufügen von »zweckvoll« ausgedrückt wird. Dabei handelt es sich zwar um Erfahrungen »am eigenen Leibe«, »aus erster Hand«, aber diese sind in den Unterricht und seine didaktische Absicht aufgenommen, wobei entweder im Klassenzimmer vorhergegangene Primärerfahrungen der Kinder aufbereitet werden, z. B. durch Erzählung, Gespräch, oder Primärerfahrungen ermöglicht werden, wie bei unserem Pfeffer-Beispiel. Nach DALE ist aber Unterricht strukturell so beschaffen, daß fast ausschließlich Sekundärerfahrungen eine Rolle spielen (10 von 11 Kegel-Bändern).

Im Kegel nun werden die im Unterricht gestifteten lernwirksamen Erfahrungssituationen – für uns anschaulich – danach geordnet, welche Nähe bzw. Ferne sie zu unmittelbaren Erfahrungen haben. Die Bänder des Kegels in ihren unterschiedlichen – abnehmenden – Breiten signalisieren vor allem eine Abnahme der Ganzheitlichkeit von Erfahrung. Mit anderen Worten: Ist der Mensch bei »unmittelbaren, zweckvollen Erfahrungen« noch *ganz* dabei, erfährt er mit allen in Frage kommenden Sinnen, so reduziert sich dies zur Spitze des Kegels hin, er ist mit immer weniger, spezielleren Sinnen beteiligt: Auf der untersten Stufe noch mit Haut, Haaren und allen Sinnen, auf der obersten hingegen bloß noch mit dem Gehör.

Der Kegel ordnet also lernwirksame Situationen nach dem *Grad der Konkretheit* bzw. *Abstraktheit der möglichen Erfahrungen.* Und möglich gemacht werden sie durch Mittel; Mittel bestimmen somit, wie konkret bzw. abstrakt gelernt wird. Die Mittel nämlich gestatten auf Grund ihrer besonderen Art Schülern eine bestimmte Art und Weise der Auseinandersetzung mit den Lerninhalten, z. B. »Ausstellungen« schneiden zwar Stücke aus der Wirklichkeit heraus, präparieren die Begegnung mit ihr, lassen aber je nach Beschaffenheit der Stücke mehrdimensionalen Umgang zu, »visuelle Symbole« schränken diesen auf das Sehen ein. DALE selber faßt die Kegel-Bänder in drei Gruppen nach ihrer Wirkung zusammen: – Sie bewirken ein *Tun,* eine *Beobachtung* oder eine *Versinnbildlichung* (vgl. Abb. 5).

Schüler werden also entweder »tätig« in einem umfassenden, die Physis umgreifenden Sinn, »beobachten« immerhin noch sinnlich wahrnehmbare Tatbestände oder sind auf bloße »Versinnbildlichungen« durch Symbole angewiesen.

Ist mit der Anordnung von Anschauungsmitteln im Kegel auch eine Aussage über ihre Wirksamkeit getroffen? Am besten greifen wir die Fragen auf, die sich DALE hierzu selbst stellt und auch beantwortet (S. 128 ff.):
– »Bedeutet das Kegel-Muster, daß alles Lehren und Lernen systematisch von der Basis bis zur Spitze voranschreiten muß?«
  Antwort: »Nachdrücklich nein!… Die Tatsache, daß etwas abstrakt ist, macht es nicht notwendigerweise schwer verständlich.«

- »Ist eine Art sinnlicher Erfahrung erzieherisch nützlicher als andere?«
Antwort: »Die Tatsache, daß viele brillante Leute Behinderungen solcher Art (Verf.: gemeint sind z. B. Blindheit, Taubheit) überwunden haben, sollte überzeugen, daß ein Sinn allein nicht allbedeutend für Lernen sein kann. Aber wir sollten höchstmöglichen Gebrauch von allen Fähigkeiten machen, die wir zur Erfahrung der Welt von Dingen und Ideen haben, um über unser Leben zu lernen.«
- »Können wir die Bedeutung unmittelbarer Erfahrung für neues Lernen überschätzen?«
Antwort: »Ja, dies ist eine Gefahr. Sicher kann eine neue Abstraktion mit weniger Erfahrung aus erster Hand bewältigt werden als Sie für notwendig halten. In der Tat, zuviel Zutrauen in konkrete Erfahrung kann den Vorgang bedeutungsvoller Generalisierung nachhaltig stören.«
- »Sind die oberen Stufen des Kegels für ältere, die unteren für jüngere Schüler gedacht?«
Antwort: »Es ist wahr, daß je älter jemand ist, desto abstrakter seine Vorstellungen sein können. ... Aber ein alter Schüler lebt nicht ausschließlich in der Welt seiner abstrakten Vorstellungen, ebensowenig wie ein junger Schüler allein durch seine sinnlichen Eindrücke lebt. ... Anschauungsmittel aller Stufen des Kegels können zur Erweiterung der Beziehungen des Netzes unserer Vorstellungen beitragen.«

Fassen wir DALEs Auffassung unter unserer Frage zusammen:
- Wenn unter »Original« einzelne Gegenstände, Erscheinungen, Vorgänge der Wirklichkeit gemeint sind, so können diese – unterschiedlichen Stufen des Kegels zuordbar – durchaus in den Unterricht hereingeholt werden, aber sie müssen nicht, da dadurch kein – gegenüber durch Anschauungsmittel ausgelöste Lernerfahrung – höherer Erfolg gewährleistet ist.
- Wenn unter »Original« Erfahrungen der Wirklichkeit im ursprünglichen Zusammenhang und am eigenen Leibe gemeint sind, dann ist einerseits festzustellen, daß Unterricht solche aufgrund seiner Struktur nur selten zuläßt, andererseits aber auch zu empfehlen, sie so oft wie nur möglich unterrichtlich zu nutzen.

3.2.5 Es kann, es soll, es muß nicht immer das Original sein!

Es kann nicht immer das Original sein!
Die originale Wirklichkeit kann dort didaktisch nicht verwendet werden, wo sie schlechthin gar nicht vorhanden ist, da sie sich *weit vom Ort* des Unterrichts entfernt befindet. Wo über den »Zuckerhut« von Rio de Janeiro im Unterricht gesprochen wird, da wird dieser wegen seiner Ferne zwangsläufig durch Bilder, Filme u. ä. veranschaulicht werden müssen. In vielen Fällen ist das Original auch gerade zu jenem *Zeitpunkt* nicht zur Hand, an dem der Unterricht darüber stattfindet. Wer über vulkanische Tätigkeit unterrichtet und dabei auf einen Aus-

bruch des Vesuvs zu sprechen kommt, wird mit seinem Unterricht nicht warten können, bis ein solches Ereignis sich zufällig einstellt; ganz zu schweigen davon, daß man das Ereignis sicherlich nicht an Ort und Stelle wird aufsuchen können. Es gibt auch Unterrichtsinhalte, die in der gemeinten Hinsicht gar *nicht wahrnehmbar sind.* Als prägnantes Beispiel hierfür mag das Atom stehen, über das ausschließlich an Hand eines Modells unterrichtet werden kann, weil man den Aufbau – zumindest unter Unterrichtsbedingungen – nicht beobachten kann. In anderen Fällen ist die originale Wirklichkeit *nicht überschaubar,* jedenfalls nicht unter den Gesichtspunkten, unter denen sie unterrichtlich behandelt werden soll. Wo beispielsweise die Entfaltung einer Blüte im Morgenlicht zur Sprache kommen soll, wird ganz einfach die Zeit für eine Dauerbeobachtung auf der einen Seite fehlen, die Möglichkeit der gezielten langfristigen Beobachtung auf der anderen Seite. Man wird statt dessen zu Zeitrafferaufnahmen eines Films greifen müssen.

Es gibt also offensichtlich auf Grund der besonderen Struktur von Unterricht eine Anzahl von Fällen, wo anstelle des Originals nur eine Veranschaulichung durch irgendwelche Mittel in Frage kommt.

Es soll nicht immer das Original sein!

Was hier gemeint ist, bringt das Sprichwort über den »Wald, den man vor lauter Bäumen nicht sieht«, deutlich zum Ausdruck. So sagt auch M. BIELER in seinem Roman »Der Kanal«: »Er hatte eine Abneigung gegen Autoren, die einen Wald so präzis beschrieben, bis er vor lauter Bäumen nicht mehr zu sehen war.« Und von der anderen Seite dasselbe angehend, meint PESTALOZZI: »Es ist daher gar nicht in den Wald oder auf die Wiese, wo man das Kind gehen lassen muß, um Bäume und Kräuter kennenzulernen; Bäume und Kräuter stehen hier nicht in den Reihenfolgen, welche die geschicktesten sind, das Wesen einer jeden Gattung anschaulich zu machen und durch den ersten Eindruck des Gegenstandes zur allgemeinen Kenntnis des Faches vorzubereiten.« *Didaktische Geschicktheit, didaktische Angemessenheit,* wobei das Maß im Unterrichtserfolg oder auch Unterrichtsaufwand zu sehen ist, sind mithin hier ausschlaggebende Gründe. Vorstellbar sind aber auch unterrichtliche Situationen, in denen aus Gründen der *Gefährdung der Kinder an Leib und Seele* auf das Original verzichtet werden sollte. Man wird nun beispielsweise über Giftgase nur anhand von formelhaften Darstellungen und nicht durch Konfrontation mit dem Original unterrichten können. *Zur Gefahr werden können aber auch die Dinge,* über die etwas gelernt werden soll; beispielsweise verbietet es sich, Tiere mit in den Unterricht zu bringen, wo diese durch den ungehemmten Umgang von Kindern mit ihnen völlig verängstigt werden. Wer hätte nicht einmal schon selbst erlebt oder zumindest von anderen darüber gehört, daß übereifrige Grundschullehrer Katzen, kleine Hunde oder andere Tiere mit in den Klassenraum gebracht hätten, wo diese Tiere unter dem Ansturm der überfreundlichen Kinder schier zu verenden drohten. In solchen Fällen, wo ein nicht akzeptables Risiko für Lernende wie für einbezogene Objekte u.a. besteht, *darf* das Original nicht verwendet werden!

Auch DWYER kommt aufgrund einer empirisch angelegten Untersuchung – bei Studienanfängern der Medizin zum Thema »Menschliches Herz« – zu der Erkenntnis, daß der Einsatz von Originalen durchaus nicht immer höchste Lerneffektivität bedeutet: »Die Ergebnisse scheinen anzuzeigen, daß die Reduktion realistischer Details in einer Illustration nicht notwendigerweise ihre informative Effektivität mindert, in vielen Fällen sogar steigert.« (1969, S. 261)
Es gibt also offenbar zahlreiche Fälle, wo eine pädagogische Verpflichtung gegenüber Kindern oder eine moralische Verpflichtung gegenüber den behandelten »Gegenständen« eine Einbeziehung des Originals in den Unterricht nicht zuläßt. Aber es gibt auch viele Situationen, in denen didaktische Argumente – vor allem solche der Effektivität – gegen die Verwendung von Originalen sprechen.

Es muß nicht immer das Original sein!
Um über bestmögliche Vorstellungen größten Lernerfolg zu erreichen, muß sicher nicht immer auf das Original zurückgegriffen werden. In vielen, ja den meisten Fällen reicht es aus, auf gespeicherte Erfahrungen aus früherer Zeit zurückzugreifen. DALE hat unter diesem Gesichtspunkt den »Kegel der Erfahrung« aufgebaut. Wenn erst einmal Erfahrungen der im Kegel unten angeordneten Art gemacht worden sind, so kann für Lernvollzüge auf diese zurückgegriffen werden, das Lernen selbst aber unter Zuhilfenahme von Medien durchgeführt werden, die den weiter oben angeordneten Bändern im Kegel zugeordnet werden können.
Wo der Erfahrungs- und Lernstand von Schülern so weit vorangeschritten ist, daß ohne alle Behinderungen mit Mitteln gelernt werden kann, stellt sich die Frage nach dem Einsatz von Originalen immer auch unter Berücksichtigung von anderen unterrichtlichen Aspekten, wie z.B. dem des Aufwandes. Hier schlägt wieder die Struktur von Unterricht – eine institutionalisierte Form des Lernens – durch.

3.2.6 Aber: Muß man auf das Original verzichten?

Die bisherigen Erörterungen laufen auf die Antwort hinaus: Es muß nicht immer das Original sein! Aber diese Antwort darf nicht falsch verstanden werden als: Es darf unter keinen Umständen das Original sein. Unsere bisherige Erörterung sollte die Bedeutung des Originals »zurechtrücken«, falsche Hoffnungen, unberechtigte Ansprüche abwehren, indem aufgezeigt wurde, daß Unterricht auf Mittel der Anschauung angewiesen ist und daß die Verwendung von Anschauungsmitteln in der Regel keine Minderung des Unterrichtserfolgs bedeutet. Wir wollen die Frage aber noch einmal umdrehen: Muß man auf das Original verzichten? Beim Blick in die Schulstuben drängt sich einem durchaus der Eindruck auf, daß häufig auf das Original verzichtet wird, und zwar auch dort, wo es ohne didaktische Einschränkungen hätte in den Unterricht eingebracht werden können. Da wird Schülern über die Süße des Honigs erzählt, ohne sie diese Süße selbst auch schmecken zu lassen. Da wird Schülern in beredten Worten vorgeschwärmt, wie schön es sei, barfuß durch morgentaufrische Wiesen zu gehen, aber derselbe

Lehrer scheut es, dies auch einmal morgens mit seinen Schülern auf den Wiesen zu tun. Da versucht der Werklehrer über Gefühle zu reden, die man – in diesem Fall er – empfindet, wenn man über verschiedene Holzarten mit den Fingerkuppen hinwegfährt; warum hat er diese Holzarten nicht dabei und läßt die Schüler selber fühlen? Im Biologieunterricht hält der Lehrer einen kleinen Vortrag über die Notwendigkeit, behutsam-vorsichtig mit jungen Pflanzen umzugehen, aber auf den Gedanken, seine Schüler mit jungen Pflanzen umgehen zu lassen, sie diese umpflanzen, umtopfen zu lassen, ist er nicht gekommen. In der Oberstufe eines Gymnasiums wird über Barockbauten unterrichtet, Schüler halten auf Bücher zurückgehende Vorträge, Dias von berühmten barockalen Bauwerken werden gezeigt, aber niemand schaut durch das Fenster auf die nur einige hundert Meter entfernt aufragende Basilika, geschweige denn sucht man sie auf, läßt Marmorimitat mit Auge und Finger überprüfen, statt bloß darüber zu reden... Die Reihe solcher Erlebnisse ließe sich wohl von jedem beliebig fortsetzen.

RUMPF hat von der »verlorengegangenen Sinnlichkeit« in unseren Schulen gesprochen.* Dies zurecht, denn die Schule benutzt oft auch Surrogate, wo nicht nur das Original zur Verfügung stünde, sondern wo ausschließlich das Original in Frage kommt. Zumeist sind es dann vorgegebene didaktisch-technische Begründungen, um die Surrogate zu rechtfertigen. Vergessen wir aber nicht, daß unsere Schule gerade gegenwärtig eine Aufgabe darin hat, die Schüler unmittelbar an die Welt und das Leben darin heranzuführen. Diese Aufgabe hat die Schule vor allem deshalb, weil unsere Kinder in der Regel sowieso nur noch aus zweiter, wenn nicht gar bloß dritter Hand erleben und leben. Sie sehen im Fernsehen Berichte von irgendjemandem über irgendetwas; das ist Leben aus dritter Hand. Hier ist unsere Schule aufgefordert, entgegenzusteuern. Hier muß Schule Kindern geben, was ihnen zusteht, das Leben, muß sie an das Leben heranführen. Die Schule hat sicherlich gerade in unserer Zeit die Aufgabe, den Kindern den Weg zum Leben unmittelbar zu eröffnen, heute, wo sie durch mancherlei institutionelle und vorgebliche Sperren vom Leben abgehalten werden. Die Schule hat aber keinesfalls eine bloß ausgleichende, kompensatorische Aufgabe, hat keinesfalls bloß Lebensdefizite unserer Kinder auszugleichen. Sie hat hier vielmehr auch einen erzieherischen Auftrag zu verwirklichen, nämlich unsere Kinder u.a. zur Sinnenfreude zu erziehen, durch positive Akte der Verkümmerung von Sinnen vorzubeugen.

Wo die originale Wirklichkeit nicht Mittel unterrichtlicher Anschauung ist, wo sie nichts ist, um daran etwas zu lernen, und auch nichts, um daran die Anschauungskraft zu schärfen, sondern wo dieser besondere Ausschnitt der Wirklichkeit, des Lebens in gerade seiner wirklichen Art selbst Ziel und Zweck des Unterrichts ist und wo die Absicht darin besteht, den Schüler mit diesem Stück Wirklichkeit zu konfrontieren, da muß die Wirklichkeit in den Unterricht, da muß Unterricht über Wirklichkeit unmittelbar erfolgen. Wo es um fundamentale Erfahrungen

---

* Vgl. H. RUMPF, Die künstliche Schule und das wirkliche Lernen, München 1986.

geht, wo die Wirklichkeit nur in eigener und unmittelbarer Erfahrung, nur im eigenen Erleben zugänglich ist, da werden Schule und Unterricht nicht auf das Original verzichten können.

Auf die Frage »Muß es das Original sein?« sind also zwei Antworten gegeben worden: Einmal »Nein, es muß nicht immer das Original sein!«, zum anderen »Ja, es muß das Original sein!«. Wer hier jetzt an der Erörterung oder gar an sich selbst zweifelt, der verkennt möglicherweise, daß diese Art von Dilemma geradezu bezeichnend für den Lehrerberuf ist; Lehrer stehen immer im Dilemma der Entscheidung zwischen dem Wünschenswerten auf der einen und dem Machbaren auf der anderen Seite. Oftmals auch im Dilemma der Entscheidung zwischen unterschiedlichen, aber gleichermaßen wünschenswerten Ansprüchen. Wäre dies nicht so, brauchte es eigentlich gar nicht den Lehrer. Es ist seine Sache, vor Ort, angesichts gerade seiner Schüler im Hinblick auf vorgesehene Zielsetzungen usw. zu entscheiden, ob das Original nötig ist, wichtig ist, machbar ist. Unsere Ausführungen hier sollten u.a. dem Lehrer dieses Dilemma als seine besondere Situation vor Augen führen, um ihn ein wenig zur Anerkennung dieser seiner besonderen Situation anzuleiten.

3.2.7 Zusammenfassung

Sie sollten jetzt Argumente dafür haben:
- *Erstens,* die Frage, ob es immer das Original sein müsse, mit nein zu beantworten.
- *Zweitens,* die Frage, ob man auf das Original verzichten müsse, ebenfalls mit nein zu beantworten.

Machen Sie doch bitte für sich die Probe aufs Exempel:

―――― **Aufgabe** ――――
Würden Sie in folgenden fünf Fällen das Original einsetzen? Wenn ja, warum? Wenn nein, warum nicht und welches Mittel tritt an seine Stelle?

1. Sie unterrichten eine 5. Hauptschulklasse im Ruhrgebiet über den »Hochofen«!
2. Sie unterrichten in einem 4. Schuljahr über die »Kröte«!
3. Ihr Mentor trägt Ihnen auf, für eine 12. Gymnasialklasse einen Unterricht über »Picasso« vorzubereiten!
4. Im Hauswirtschafts-Unterricht steht das Thema »Küchengewürze« an!
5. Im 8. Schuljahr soll auf den »Einfluß des heimatlichen Dialekts auf die Hochsprache« eingegangen werden!

Und zum Abschluß noch einmal zum »Kegel der Erfahrung« und einer Aufgabe, die DALE so ähnlich selbst stellt (S. 135):

– »ALFRED NORTH WHITEHEAD sagte: ›Im Garten Eden sah Adam die Tiere, bevor er ihnen Namen gab; im traditionellen Erziehungssystem kennen Kinder Tiernamen, bevor sie diese Tiere sehen‹. Wie würden Sie diese Bemerkung auf den Kegel der Erfahrung beziehen? Haben Sie selbst auch ›Schilder‹, für die Sie keine konkreten Erfahrungen haben? Sind diese Schilder für Sie verständlich? Bedeuten die Bezeichnungen ›Atom‹, ›Ober-Volta‹, ›labeling approach‹, ›Räucherlachs‹ Ihnen viel? Warum nicht?«

3.3 Steigerung des Lerninteresses durch Anschauung

Ohne Lerninteresse kommt es nicht zu Lernvorgängen, wie wir weiter vorne sahen; Lerninteresse ist die aufmerksame und konzentrierte Zuwendung des Lernenden zu den Lerninhalten, ist ein Moment, das die Auseinandersetzung in Gang setzt und in Bewegung hält bis zum Abschluß des Lernprozesses. Lerninteresse ist wesentlich abhängig von der Art der Anschauung; durch Anschauung kann das Lerninteresse im je besonderen Fall gesteigert werden.

Lern*interesse* wird im Unterschied zur formal bestimmten Lern*motivation* als ein vom Lerninhalt ausgelöstes spezifisches Interesse für gerade diesen Inhalt begriffen, wobei sich eine besondere Aktivität in Richtung auf diesen entwickelt. Da Lerninhalte zur Präsentation auf Mittel zur Veranschaulichung angewiesen sind, wird es wesentlich von der Art des eingesetzten Mittels abhängen, wie ein Lerninhalt das Interesse von Lernenden auszulösen vermag.

Unsere Frage richtet sich darauf, ob es möglich ist, Lehrern eine Art Maßstab an die Hand zu geben, mit dessen Hilfe sie die steigernde Wirkung von Anschauungsmitteln auf das Lerninteresse feststellen können. Erwarten Sie bitte jetzt keinen Maßstab nach Art des Metermaßes oder Thermometers; der läßt sich für den Unterricht aufgrund von dessen Komplexität und Faktorenvielfalt gar nicht generell entwickeln. Nach geisteswissenschaftlicher Art geht es vielmehr um Prinzipien didaktischen Handelns, die als eine Art Regulativ bei den entsprechenden Lehrerentscheidungen und -maßnahmen wirksam werden können.

3.3.1 Anschauungsmittel und Lerninteresse

Lerninteresse als Moment des Lernprozesses erwies sich wie folgt strukturiert:
- es wird ausgelöst,
- es wird auf den Lerninhalt gerichtet,
- es wird in dieser Gerichtetheit aufrechterhalten.

Wenn wir dies auf die Anschauungsmittel übertragen, von denen angenommen wird, daß sie das Lerninteresse wesentlich bestimmen und beeinflussen, läßt sich für deren strukturellen Zusammenhang mit dem Lerninteresse folgende Aussagenreihe aufstellen.

Anschauungsmittel lösen Lerninteresse aus und lenken es auf sich.
Wie sich ein solches Geschehen allgemein vollzieht, kann uns ein Bild von M. WAGENSCHEIN verdeutlichen. Er spricht von einem Spaziergänger in einem Steinbruch, der ohne besondere Absicht darin umhergeht: »...und plötzlich blitzt etwas auf. Es ›ergreift‹ einen; und deshalb ergreift man es« (1965, S. 247). Es wird wahrscheinlich ein kristalliner oder ein von Metallpartikelchen durchzogener Stein sein, der dort aufblitzt; und man kann ihn mit einem jener Mittel vergleichen, von denen hier in unserem Text die Rede ist.

Die auslösende Wirkung geht hier von dem Stein aus. Dieser blitzt auf und erregt dadurch zunächst die Aufmerksamkeit des Spaziergängers, der ansonsten durch den Steinbruch gegangen wäre, ohne diesen einen besonderen Stein auch bloß wahrzunehmen, geschweige denn, sich ihm sinnlich und gedanklich zuzuwenden. Das aber geschieht hier. Das Aufblitzen weckt nicht nur die – potentiell ständig vorhandene – Aufmerksamkeit des Spaziergängers, sondern zieht sie auch auf sich, lenkt sie auf sich. »Ergriffenes Ergreifen« nennt WAGENSCHEIN diesen Vorgang auch; man wird »ergriffen« – der Stein packt einen – und »ergreift« – man packt den Stein –.
Nach dem Bilde dieses Steins bei WAGENSCHEIN ist es im Lernprozeß das Anschauungsmittel, das – auf irgendeine Art – aufblitzend sich dem Lernenden bemerkbar macht und so seine Aufmerksamkeit erregt und auf sich zieht. Ein schon früher gebrauchtes Beispiel verdeutlicht dies:

Beispiel

Im Unterricht eines 5. Schuljahres wird seit gut zehn Minuten über Urlaubserlebnisse gesprochen, die Schüler erzählen von ihren eigenen, fragen andere und den Lehrer usw. Zumindest die Schüler wissen zu diesem Zeitpunkt nicht, wie der Unterricht weiterhin verlaufen wird und worauf man zu sprechen kommen wird; es interessiert sie wahrscheinlich in diesem Moment auch gar nicht.
Da zieht der Lehrer ohne weitere Bemerkungen die hölzerne Plastik eines indischen Elefanten aus seiner Mappe, hält sie hoch, hält sie hin und her, wendet sich selbst dabei im Halbkreis... (Sie kennen solche Situationen zur Genüge.)
Was wird geschehen? Es wird nicht lange dauern, bis die Schüler sich über diese Plastik äußern, frei oder nach Fingerstrecken, je nachdem, wie sie es gewohnt sind. Es werden Äußerungen fallen wie: »das ist ein Elefant!«, »wir haben auch so einen auf dem Fernseher stehen, aber der ist kleiner und aus Metall!«, »der Elefant hat einen Rüssel!«, »Elefanten werden ganz alt!«, »Elefanten haben ein gutes Gedächtnis!«, »woher haben Sie den?«, »am Samstag kam ein Film im Fernsehen über den Elefanten, der hieß ›Seine Majestät, der Elefant‹!« usw.
Lauter Bemerkungen, die Bezug auf die gezeigte Plastik nehmen. Aber auch Bemerkungen unterschiedlichen Inhaltsbezuges, da wird etwas über Elefanten gesagt, über das Fernsehen, über das Elternhaus. Gemeinsam ist diesen Äußerungen – wie gesagt – der äußere, sprachliche Bezug auf die Elefantenplastik.

Dem Lehrer ist seine Absicht also gelungen, nämlich das bis zu diesem Zeitpunkt mehr oder weniger frei schwebende und auf anderes gerichtete oder gar bloß latent ruhende Interesse der Schüler zu erregen und auf die Elefantenplastik zu lenken. Mehr ist zu diesem Zeitpunkt nicht zu sagen! Für uns deutlich erkennbar wird: Ausgelöst und gelenkt wird das Interesse dieser Schüler durch die Elefantenplastik, durch dieses Mittel, das – so nehmen wir einfach an – der Lehrer als Anschauungsmittel verwendet. Und weiter?

────── **Aufgabe** ──────
Ist Ihnen eine besonders charakteristische Situation der Auslösung von Lerninteresse durch ein Anschauungsmittel in Erinnerung?

Anschauungsmittel richten das Lerninteresse auf den repräsentierten Lerninhalt.
Es war bereits weiter vorne eindringlich darauf hingewiesen worden, daß Anschauungsmittel ihre Funktion nicht erfüllen, wenn sie bloß Lerninteresse erwecken und auf sich ziehen, sondern erst dann, wenn sie dies Interesse weiterlenken und auf die intendierten Lerninhalte richten. Ob dies im Beispiel der Elefantenplastik der Fall ist, läßt sich aus der bisherigen Schilderung nicht ersehen. Dazu müßten wir die Absichten des Lehrers kennen, vor allem: Um welchen Lerninhalt geht es hier?

────── **Beispiel** ──────
Angenommen, der Lehrer will nichts anderes erreichen, als daß die Schüler die äußere Gestalt des Elefanten mit seinem charakteristischen Rüssel und den Stoßzähnen erfassen, um später in derselben Stunde anderes daran anzuknüpfen. Dann müßte die Aktivität der Schüler auf eben dies, auf die äußere Gestalt, gerichtet werden. Betrachten wir die gegebenen Antworten, so erkennen wir, daß bei einigen Schülern die Aufmerksamkeit zwar hierauf gerichtet ist, andere Schüler aber offensichtlich andere Assoziationen anstellen. Um die hier unerwünschten Gerichtetheiten des Interesses auszuschließen und das Interesse aller Schüler auf die Gestalt des in der Plastik repräsentierten Elefanten zu richten, wird der Lehrer zu dem bewährten Mittel sprachlichen Kommentars und der Frage greifen: »Nun schaut Euch bitte mal diesen Körper an! Was fällt Euch da besonders auf?« Und schon ist das Interesse der Kinder gerichtet.

Das Anschauungsmittel hat also seine Funktion durchaus erfüllt, allerdings erst durch zusätzliche sprachliche Begleitimpulse. Im Grunde müssen wir jetzt von der Elefantenplastik und der besonderen Sprache zusammen als dem bzw. den hier wirksamen Anschauungsmitteln sprechen. In der Unterrichtspraxis wird auch nur selten ein Anschauungsmittel allein vorkommen, es werden in der Regel stets mehrere zusammen ein Arrangement bilden (unter Rückgriff auf den entsprechenden Begriff in der englischen Sprache wird auch von »treatment« gesprochen). Das sollte uns nicht verwirren; ob ein oder mehrere Gegenstände o. ä. das Anschauungsmittel bilden, ist unerheblich; allenfalls sollten Lehrer bereits hier den Schluß ziehen, daß sie zusätzlich zu gegenständlichen Anschauungsmitteln immer noch andere einsetzen müssen, vor allem die geschriebene oder gesprochene Sprache.

Ganz anders hätte dasselbe Anschauungsmittel das Lerninteresse der Schüler auch lenken können, sofern der Lehrer dies beabsichtigt und durch entsprechende Maßnahmen unterstützt hätte. Zum Beispiel hätten – obwohl ein bißchen krampfhaft – die Äußerungen über die Plastik zur Rechtschreibung »El*e*fant« geleitet werden können. Auch in diesem Fall wäre das Interesse der Schüler erweckt und auf den Lerninhalt gerichtet worden, wahrscheinlich durch besondere sprachliche Hinweise oder eine Tafelnotiz von seiten des Lehrers.

Gegenbeispiel

Im »Textilen Werken« in einem 6. Schuljahr sollte nach Absicht der Lehrerin das Ausbessern von Kleidungsstücken durch Stoffapplikationen erlernt werden. Zunächst wollte sie dazu die Aufmerksamkeit der Schülerinnen allein auf die Tatsache lenken, daß man auch heute noch Flicken auf beschädigte Kleidungsstücke setzen kann und sollte. Sie wollte dies dadurch erreichen, daß sie ausgebesserte, geflickte Stücke mitbrachte und vorzeigte. Dies geschah auch, zu Beginn der Unterrichtsstunde hielt die Lehrerin eine geflickte Jeans-Hose ihrer eigenen Tochter hoch, ohne etwas dazu zu sagen. Die Schülerinnen reagierten auch sofort, aber sie äußerten sich nur über die Jeans, daß es sich um die neue Röhrenform handelte, um praktische/unpraktische Hosen, um einen Modegag der Zeit usw. Den Flicken auf den Jeans nahmen sie sicherlich wahr, aber darauf zu sprechen kamen sie von sich aus nicht. Da die Lehrerin sich – in ihrem schriftlichen Entwurf – zu einem »stummen Impuls« verpflichtet hatte, schwieg sie beharrlich, drehte die Jeans hin und her, schob auch einmal die Faust so hinein, daß der Flicken sich ausbeulte…, aber die Schülerinnen blieben beim Thema »Jeans« und kamen nicht auf Flicken und Ausbesserung zu sprechen.

Sicherlich hätte die Lehrerin durch sprachliche Hinweise auf den Lerninhalt hinsteuern können, sie unterließ dies aber wegen ihrer didaktischen Absicht ausdrücklich. Was das Anschauungsmittel, die geflickten Jeans, betrifft, so haben sie offensichtlich das Interesse der Schülerinnen erwecken und auf sich lenken können, ebenso offensichtlich aber auch nicht über sich hinaus und auf den Lerninhalt »Flicken« bzw. »Applikation« richten können. Ein falsch gewähltes oder falsch eingesetztes Anschauungsmittel in diesem Fall.

Aufgabe

Erinnern Sie sich bitte an eine ähnliche Situation, in der ein Anschauungsmittel das Interesse von Schülern nicht über sich selbst hinauslenkte, und versuchen Sie die Ursache zu ergründen!

Auch wo Anschauung anders betrachtet wird als hier, wird darauf hingewiesen, daß Anschauungsmittel auf Lerninhalte zu verweisen haben, z. B. bei J. FLÜGGE (1963, S. 22): »Indem sie – die Veranschaulichung – zum Mittel für den Zweck eines Lehrziels gemacht wurde, ist ihr verboten, sich weiter zu entfalten, als für den Zweck erforderlich war.« Das Anschauungsmittel muß ein Mittel bleiben, darf nicht selbst auf Dauer Ziel von Lerninteresse sein, muß sich vielmehr uneingeschränkt auf den Lerninhalt beziehen lassen, wie FLÜGGE meint.

Anschauungsmittel erhalten das auf den Lerninhalt gerichtete Interesse wach.
Die Zuwendung zu einem Gegenstand, einem Vorgang o. ä. kann bloß zeitweilig erfolgen; das Interesse von Schülern gegenüber einem Anschauungsmittel und an dem von ihm veranschaulichten Lerninhalt kann anfangs zwar stark erregt sein, aber durchaus auch bald erlahmen oder gar erlöschen, einem Strohfeuer ähnlich. Über nur kurze Zeit können Schüler »Feuer und Flamme« für etwas sein, ohne daß dies dauerhaft wäre. Anschauungsmittel mit bloß solch kurzzeitiger Auswirkung auf das Lerninteresse erfüllen ihre spezifische Funktion nicht voll. Das durch sie erweckte Interesse muß solange wach gehalten werden, bis der besondere Lernvorgang abgeschlossen ist; Abschluß und nicht Abbruch des Lernvorgangs ist zu erreichen.

Eine solche dauerhafte aktive Zuwendung zum Lerninhalt ist durch Anschauungsmittel zu verwirklichen. Nun gibt es Anschauungsmittel, die aufgrund ihrer besonderen Struktur so etwas ohne weiteres leisten können, wie z. B. ein dramaturgisch und technisch gut gestalteter Film; er kann erfahrungsgemäß das Interesse von Schülern über längere Zeit hinweg wachhalten, wobei sogar oftmals die Art des Lerninhalts selbst nicht mal eine besondere Rolle zu spielen scheint. In der Regel aber dürften Anschauungsmittel dies nur leisten können, wenn sie variationsreich, im Wechsel und im Arrangement mit zusätzlichen und weiteren Maßnahmen eingesetzt werden.

Daß ein spezifisches Lerninteresse tatsächlich über sehr lange Zeit durch Anschauungsmittel wachgehalten werden kann, beweisen zwei bekannte Beispiele aus der Reformpädagogik:

—— **Beispiel 1** ——
Der »Starenkasten« bei G. KERSCHENSTEINER, an dem die Schüler besondere Arbeitsformen und eine allgemeine Arbeitshaltung erwerben sollten und an dem sie von der Planung über die Arbeit bis zur »Werkvollendung« überaus viel Zeit verbrachten. Der Kasten selbst erfüllt letzten Endes die Funktion eines Arbeitsmittels.

──── **Beispiel 2** ────────────────────────────

Die von M. MONTESSORI beobachteten Wiederholungen, über die sie schreibt:

»Die Wiederholung der Übungen
Die erste Erscheinung, die meine Aufmerksamkeit auf sich zog, zeigte sich bei einem etwa dreijährigen Mädchen, das damit beschäftigt war, die Serie unserer Holzzylinder in die entsprechenden Öffnungen zu stecken und wieder herauszunehmen. Diese Zylinder ähneln Flaschenkorken, nur haben sie genau abgestufte Größen, und jedem von ihnen entspricht eine passende Öffnung in einem Block. Ich erstaunte, als ich ein so kleines Kind eine Übung wieder und wieder mit tiefem Interesse wiederholen sah. Dabei war keinerlei Fortschritt in der Schnelligkeit und Genauigkeit der Ausführung feststellbar. Alles ging in einer Art unablässiger, gleichmäßiger Bewegung vor sich. Gewohnt, derlei Dinge zu beobachten, begann ich die Übungen des kleinen Mädchens zu zählen. Auch wollte ich feststellen, bis zu welchem Punkt die eigentümliche Konzentration der Kleinen gehe, und ich ersuchte daher die Lehrerin, alle übrigen Kinder singen und herumlaufen zu lassen. Das geschah auch, ohne daß das kleine Mädchen sich in seiner Tätigkeit hätte stören lassen. Darauf ergriff ich vorsichtig das Sesselchen, auf dem die Kleine saß, und stellte es mitsamt dem Kinde auf einen Tisch. Die Kleine hatte mit rascher Bewegung ihre Zylinder an sich genommen und machte nun, das Material auf den Knien, ihre Übung unbeirrt weiter. Seit ich zu zählen begonnen hatte, hatte die Kleine ihre Übung 42mal wiederholt. Jetzt hielt sie inne, so als erwachte sie aus einem Traum, und lächelte mit dem Ausdruck eines glücklichen Menschen. Ihre leuchtenden Augen sahen vergnügt in die Runde. Offenbar hatte sie alle jene Manöver, die sie hätten ablenken sollen, überhaupt nicht bemerkt. Jetzt aber, ohne jeden äußeren Grund, war ihre Arbeit beendet. Was war beendet, und warum?«
(Zit. nach: M. MONTESSORI, Frankfurt/M.-Berlin-Wien, 1980, S. 165)

Das intensive Interesse bleibt durch die Beschaffenheit des Mittels und seiner daraus auf das Mädchen ergehenden ständigen Aufforderungen – die Zylinder in die passenden Öffnungen des Blocks zu stecken – über die lange Zeit von 42 Wiederholungen desselben Tuns wach.

──── **Aufgabe** ────────────────────────────
Erinnern Sie sich bitte an ein Beispiel länger dauernden Lerninteresses, das offensichtlich durch ein Anschauungsmittel bewirkt wurde!

3.3.2 Attraktivität und Eindeutigkeit von Anschauungsmitteln

Was ist es, das Anschauungsmittel dies alles leisten läßt, das sie Lerninteresse erregen, lenken, richten und wachhalten läßt? Gibt es so etwas wie ein einheitliches Prinzip, durch das die besondere Wirkung im Hinblick auf das Lerninteresse erklärbar wird?

Es gibt einige empirisch angelegte Untersuchungen zu dieser Frage, die ich Ihnen zunächst unkommentiert vorstellen möchte. Derartige Untersuchungen haben zwar nur einen – selbst eingestandenen – begrenzten Aussagewert, erweisen sich aber immer wieder von einer z. T. überwältigenden Beweiskraft auf das subjektive Denken, wie ich immer wieder in Seminaren o. ä. feststellen muß.

WELTNER, K. / WARNKROSS, K.
Über den Einfluß von Schülerexperimenten, Demonstrationsunterricht und informierendem Physikunterricht auf Lernerfolg und Einstellung der Schüler, in: DÖRING, K. W. (Hrsg.), Lehr- und Lernmittelforschung, Weinheim-Berlin-Basel 1971, S. 185-197.
– Die Frage der Untersuchung ist darauf gerichtet, wie Unterrichtsmethoden bzw. Unterrichtsmedien einerseits den quantitativen Lernerfolg, andererseits die Einstellung von Schülern zum Physikunterricht beeinflussen.
– Versuchsanordnung: Derselbe Lehrer unterrichtete in drei Klassen über dieselben drei Themen nach/mit denselben drei Methoden, und zwar wie folgt:

	Klasse 8b	Klasse 8c	Klasse 9
Elektrische Klingel	Demonstrations-Unterricht	Schüler-experimente	Informierender Unterricht
Elektromotor	Schüler-experimente	Informierender Unterricht	Demonstrations-Unterricht
Dämmerungs-Schalter	Informierender Unterricht	Demonstrations-Unterricht	Schüler-experimente

A. Untersuchungen zum Lernerfolg:
– Ergebnis der Abschlußarbeit gemessen nach einer Woche

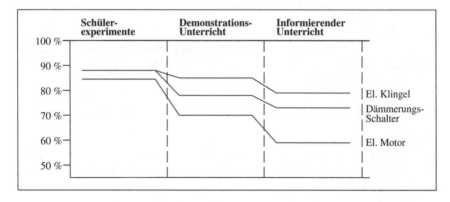

- Ergebnis der Erinnerungsarbeit gemessen nach acht Wochen

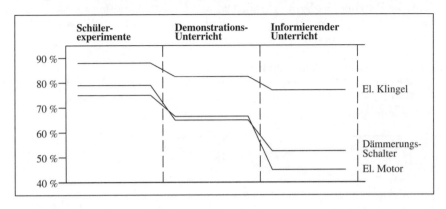

B. Befragungen zur Einstellung erbrachten:
- Ergebnisse von vier Einstellungsfragen

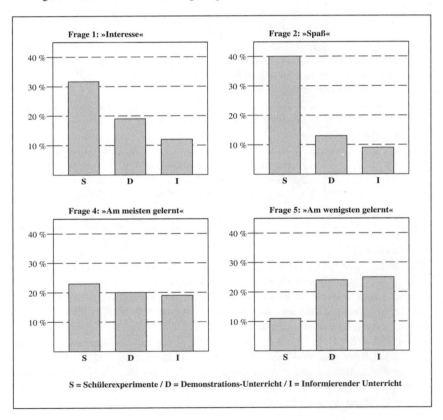

DÜKER, H. / TAUSCH, R.
Über die Wirkung der Veranschaulichung von Unterrichtsstoffen auf das Behalten, in: DÖRING, K. W. (Hrsg.), Lehr- und Lernmittelforschung, Weinheim-Berlin-Basel 1971, S. 117-132.

Art der Veranschaulichung und Behalten:
- Versuch mit 145 Schülern zwischen 10-12 Jahren aus zwei 5. Schuljahren der Volksschule und aus je einem 5. und 6. Schuljahr von zwei höheren Schulen.
- Einteilung in Gruppen (15) zu je 9-12 Schülern.

Kontrollgruppen (4) (KGr)	Gruppen (4) »bildl. Darstellung«	Gruppen (4) »Modell«	Gruppen »realer Gegenstand«
1. Darbietung der Informationen über den Lautsprecher zum Thema »Meerschweinchen«.			
2. —	zusätzlich ein Bild in naturgetreuer Größe (Fotoabzug) aufgehängt	zusätzlich ein ausgestopftes Tier auf dem Tisch	zusätzlich ein Tier im Glaskasten
3. Gespräche über Freizeitgestaltung und Bastelarbeiten unmittelbar im Anschluß an Informationen usw.			
4. Nach vier Tagen: Fragebogen mit 20 Fragen, die in 15 Minuten beantwortet werden konnten.			
5. —	gegenüber KGr Steigerung des Behaltens um 9,5 %	gegenüber KGr Steigerung des Behaltens um 20 %	gegenüber KGr Steigerung des Behaltens um 40,7 %

HOFFBAUER, H.
Sind interessante Bilder effektiver?, in: DÖRING, K. W., Lehr- und Lernmittelforschung, Weinheim-Berlin-Basel 1971, S. 143-172.
In einer Untersuchung zur Frage, welche Bilder im Englischunterricht besonders stark zum Fragen reizen und so besonders gut englische Frageformen erlernen lassen, gelangt HOFFBAUER zu der Ansicht:
- Es sind in der Regel nicht die von Kindern allgemein als interessant empfundenen Bilder, das sind jene, die »geringen Bekanntheitsgrad, unvollständige Handlungsabläufe und geringe Durchschaubarkeit« (S. 154) aufweisen, sondern eher die als uninteressant beurteilten Bilder, die sich für fremdsprachliche Übungen bestens eignen.

HOFFBAUER schließt: Der Unterricht muß an Bekanntem, an durchaus Uninteressantem anschließen. »Es handelt sich also um die spezielle Anwendung des allgemeingültigen didaktischen Prinzips der Isolierung von Schwierigkeiten.« (S. 169).

―――― **Aufgabe** ――――

Außer bei HOFFBAUER taucht das Wort »Interesse« gar nicht auf, und auch dort nicht im Sinne von Lerninteresse. Trauen Sie sich dennoch zu, vorsichtige Schlüsse über den Zusammenhang von Anschauungsmitteln und Lerninteresse zu ziehen!?

―――――――――――――――――

Sind Sie zu denselben oder ähnlichen Schlußfolgerungen gelangt, wie die Forscher? Ich gebe sie im folgenden wieder:
- »Man kann also sagen, daß hier die Kinder bei Schülerexperimenten mehr gelernt und mehr Freude am Unterricht hatten.« (WELTNER/WARNKROSS, S. 193)
- »Schülerexperimente führen zu besserem Lernerfolg, stärken darüber hinaus aber noch mehr das Interesse und die Freude der Schüler am Unterricht.« (WELTNER/WARNKROSS, S. 194)
- »Als Begründung hierfür kann man nicht anführen, daß die beobachtbaren Eigenschaften beim lebendigen Tier viel deutlicher zu erkennen sind als beim Modell. Wenn die Veranschaulichung durch den realen Gegenstand sich trotzdem als erheblich wirkungsvoller erwies, so ist dies in erster Linie dadurch bedingt, daß das lebende Tier das Interesse der Vpn (Verf.: Versuchspersonen) viel stärker erregte als das präparierte. Das zeigt deutlich das Verhalten der Kinder während des Versuchs. Sie reckten die Hälse, sie beugten sich vor, sie versuchten, dem Tier möglichst nahe zu kommen, sie freuten sich über seine Bewegungen.« (DÜKER/TAUSCH, S. 129)

Die Fragestellung der Untersuchungen – in den ersten beiden Fällen – bezieht sich nicht auf das Lerninteresse, sondern auf den Zusammenhang von Anschauungsmaterial und Lernerfolg ganz allgemein. Freude am dadurch jeweils ausgelösten besonderen Lernen und Interesse werden als besonders wirksame Momente für den gemessenen Erfolg angenommen. Wie aber Interesse selbst wieder zustande gekommen ist, bleibt unerörtert. Allenfalls bei HOFFBAUER kann man sagen, daß nicht die wegen ihres Neuigkeitsgrades üblicherweise als interessant geltenden, sondern altbekannte und allgemein für uninteressant gehaltene Bilder lernwirksamer waren. Der Interessenbegriff ist hier bei HOFFBAUER anders als bei uns verwendet.
Gesagt wird nicht mehr, als daß in den beobachteten Vorgängen von den untersuchten Anschauungsmitteln das Schülerexperiment im ersten, die Realbegegnung im zweiten Versuch offensichtlich das größte Lerninteresse bewirkten. Läßt sich daraus ein genereller Schluß ziehen? Ist zum einen das Schülerexperi-

ment, verglichen mit Lehrerdemonstration und bloßer Information, oder ist zum anderen der reale Gegenstand, verglichen mit Bild und Modell, interesseweckender? Ich nehme an, Sie kommen zu einer ähnlichen Schlußfolgerung wie etwa E. KLEY in einem anderen Zusammenhang (1958, S. 394): »*So vermag also insonderheit der reale Anschauungsgegenstand oder die volle ungekürzte Wirklichkeit der Dinge relativ leicht anzusprechen und Lernantrieb bei ihnen* (Verf.: Schülern) *auszulösen.*« Möglicherweise haben reale Gegenstände im üblicherweise von Surrogaten, Darstellungen usw. bestimmten Unterricht besonders starke Wirkung auf das Lerninteresse. Aber: Aus den Untersuchungen geht das nicht so ohne weiteres hervor. Der einzige vorsichtige Schluß, den ich hypothetisch ziehen würde, zumal auch die Erörterung des Interesses bei I. STEINER ihn unterstützt (1983), wäre, *daß offensichtlich umso mehr Lerninteresse bei Schülern aufkommt, je mehr sie aktiv sein können, je mehr sie handeln können, je mehr sie als ganze Person tätig werden können.* Dies ist eine Vermutung, auch aufgrund vieler Erfahrungen und Beobachtungen im üblichen Unterricht. Empirisch abgesicherte Befunde über den Zusammenhang von Anschauungsmittel und Lerninteresse gibt es noch nicht genug, um derartige Erkenntnisse daraus ziehen zu können. Wahrscheinlich gibt es auch keine bestimmten Materialien, die grundsätzlich interesseweckender wären als andere.

Wenn eine für didaktische Entscheidungen brauchbare Aussage nun also nicht Bezug auf eine bestimmte Art von Anschauungsmitteln nehmen kann, dann muß eine entsprechende Aussage sich auf alle in Frage kommenden Mittel und Materialien beziehen. Ich schlage vor, von *Attraktivität* zu sprechen. Als *attraktiv* sollen jene Anschauungsmittel gelten, die in Schülern das Lerninteresse auslösen können. Wenn z. B. in einem Biologieunterricht Schülern gleichzeitig ein Wandbild von einem Frosch und ein lebendiger Frosch in einem Glas vorgeführt werden, werden sie sich erfahrungsgemäß in der Mehrzahl dem lebendigen Frosch zuwenden. Dieser gilt in diesem Fall als »attraktiv«, weil er das Lerninteresse der Schüler erregen und auf sich ziehen konnte.
Attraktivität ist kein dauerhaftes und ständiges Merkmal eines Anschauungsmittels, das dieses gleichsam als Qualität mit sich herumtrüge und das es bloß zu erkennen und in den Unterricht einzubringen gelte. Attraktivität muß vielmehr als ein Moment aufgefaßt werden, das sich zuallererst im Zusammentreffen von Lernenden mit Anschauungsmitteln tatsächlich erweist. Lehrer können bestenfalls vermuten, daß ein bestimmtes Anschauungsmittel in einer bestimmten Unterrichtssituation für die Schüler attraktiv ist; ob es das dann tatsächlich auch ist, stellt sich erst im Unterricht selbst heraus. Dem Lehrer ergeht es hier nicht anders als in allen seinen Handlungsfeldern.
Attraktivität wird also als jenes Moment angenommen, durch das im konkreten Unterricht das Lerninteresse von Schülern erweckt wird und der angestrebte Lernprozeß in Gang gesetzt wird. Die didaktische Aufgabe des Lehrers besteht mithin darin, solche Mittel auszuwählen und einzusetzen, die für bestimmte Schüler in einer bestimmten Situation attraktiv sind, so attraktiv, daß sie sich ih-

nen zuwenden – und damit auch den von ihnen repräsentierten Lerninhalten. Die farblich und formmäßig auch allgemein einladend gestalteten Spielmittel von M. MONTESSORI beispielsweise sind offensichtlich für kleinere Kinder attraktiv im beschriebenen Sinne.

Nach attraktiven Menschen auf der Straße dreht man sich um; vergleichsweise ähnlich verhält es sich mit attraktiven Anschauungsmitteln im Unterricht: Wenn sie eingebracht werden, ziehen sie die Blicke – oder jede andere maßgebliche Wahrnehmungsart – der Schüler auf sich, können diese ihre Augen nicht von ihnen lassen. *Attraktivität kann – und das ist mein Vorschlag – als Prinzip für die Auswahl von Anschauungsmitteln gelten.*

Um Attraktivität noch verständlicher zu machen und um ein weiteres und wichtiges Auswahlkriterium zu ergänzen, stelle ich Ihnen folgendes Beispiel vor.

Erasmus von Rotterdam

Über einen besonders markanten Versuch zu »attraktiver« Unterrichtung berichtete ERASMUS VON ROTTERDAM:

------- **Beispiel** -------

»Ein englischer Adeliger wollte seinem Sohn auf erfolgreiche, zugleich aber auch ergötzliche Art die griechische Sprache nahebringen. Um ihn die einzelnen Buchstaben zu lehren, wurde er zunächst angehalten, mit Pfeil und Bogen umzugehen. Danach baute man Zielscheiben auf, die griechische Buchstaben zeigten. Auf diese durfte der Junge dann schießen. Für jeden Treffer wurde er belohnt, entweder erhielt er eine süße Kirsche oder auch gebackene kleine Buchstaben des griechischen Alphabets.«

War die sicherlich vorhandene Attraktivität auf das gerichtet, was gelernt werden sollte? Lenkten Kirschen, gebackene Buchstaben, Buchstabenzieltafeln – alles für den Jungen

Abb. 6: *Attraktiver Griechischunterricht.*
(*Geschichte und Abbildung zit. nach: W. R. FUCHS, Knaurs Buch vom neuen Lernen, München/Zürich 1969, S. 216 u. ff.*)

attraktive Mittel – die Aufmerksamkeit des Jungen auf die griechischen Buchstaben!? B. F. SKINNER kommentierte seinerzeit – unter dem Gesichtspunkt einer Lernverstärkung – dieses Beispiel: »Das Ergebnis wird wohl gewesen sein, daß dem Jungen beim Anblick eines griechischen oder lateinischen Textes das Wasser im Munde zusammenlief. Vermutlich wurde er auch ein besserer Schütze. Aber ein Einfluß auf seine Beherrschung der alten Sprachen ist zweifelhaft.«

──── **Aufgabe** ────
Sie stimmen sicher zu, daß dies Tun für den Jungen in jeder Hinsicht attraktiv war. Was aber ist Ihrer Meinung nach Ursache dafür, daß er die griechischen Buchstaben nicht unbedingt lernte!?

Ihre Antwort geht zweifellos darauf aus, daß es sich zwar um eine allgemein attraktive Situation, aufgrund der bereitgestellten Mittel »Kirschen«, »Brezeln«, »Bogen und Pfeile«, handelt, daß aber der Junge im Grunde genommen gar nicht weiß, worum es eigentlich geht, was er eigentlich lernen soll. Die waltende Attraktivität weckt sein Interesse, aber wofür? Für die Belohnungen? Für das Schießen? Für die Buchstabenformen? Mit einem Satz: Was die mögliche Absicht angeht, erweist sich die Situation für den Jungen als äußerst vieldeutig (polyvalent). Er weiß nicht, was von ihm erwartet wird, außer zu schießen. Und nicht zuletzt liegt es wohl vor allem an den hier eingesetzten Mitteln, daß die Situation so vieldeutig für ihn ist. An den Mitteln wäre es gewesen, dem Jungen eindeutig (monovalent) vor Augen zu führen, worum es ging. Wo solche Eindeutigkeit fehlt, wird zwar Interesse erweckt, aber es wird in aller Regel fehlgeleitet, weil ihm die Richtungsweisung nicht gelingt.

Wenn von Attraktivität als einem didaktischen Auswahlprinzip für Anschauungsmittel die Rede ist, muß also ergänzend gesagt werden: *Attraktivität muß zusammengehen mit Eindeutigkeit.* Diese ist erforderlich, um das geweckte Lerninteresse auf den gemeinten Lerninhalt zu richten. Anschauungsmittel sind meistens vieldeutig und müssen zuallererst durch ausdrückliche didaktische Bemühungen für eine bestimmte Situation eindeutig gemacht werden. Wenn ein Lehrer z. B. die Landkarte Europas entrollt, muß er sprachlich hinzufügen: »Schaut Euch bitte einmal die Umrisse Italiens an!«, wenn er den Schülern die Stiefelform verdeutlichen will. In diesem Fall würden alle Schüler wahrscheinlich nach vorne zur Karte schauen, wenn der Lehrer sie entrollt, weil diese für sie durchaus attraktiv ist (durch Entrollen vor ihren Augen!). Aber ihr gewecktes Lerninteresse braucht noch eine Richtung auf den Lerninhalt, und die erfolgt durch den zusätzlichen Lehrerhinweis.

Es sollte für Sie deutlich geworden sein:
- *Erstens,* daß Anschauungsmittel *attraktiv* und *eindeutig* sein müssen, wenn sie ein angemessenes Lerninteresse bewirken sollen.

- *Zweitens,* daß *Attraktivität* und *Eindeutigkeit* nicht immer schon vorhandene Qualitäten von Anschauungsmitteln sind, sondern oftmals erst geschaffen werden müssen.

Offen bleibt noch, welches die Bestimmungsgründe für Attraktivität und Eindeutigkeit von Anschauungsmitteln sind.

3.3.3 Bestimmungsmomente von Attraktivität und Eindeutigkeit

Auch hierbei kann es nur eine strukturelle Erörterung, keine von Fakten geben. Es geht auch um keine psychologische, sondern um eine didaktische Betrachtung, d. h. nicht die im Menschen – hier: im Lernenden, liegenden Momente, sich abspielenden Vorgänge usw. – werden betrachtet, sondern die Aufgabe des Lehrers im Hinblick auf Anschauungsmittel, eingeengt auf deren Auswahl nach den Kriterien Attraktivität und Eindeutigkeit.

Beide, Attraktivität und Eindeutigkeit, so sagten wir schon, können nicht als Qualitätsmerkmale aufgefaßt werden, die Anschauungsmittel von sich aus ständig aufweisen. Wäre dies der Fall, so läge sicherlich schon längst eine lerninteressenspezifische Karte für den Einsatz von Anschauungsmitteln vor, aus der man kurzerhand ablesen könnte, welches Mittel im einzelnen Fall am aussichtsreichsten ist. Weder die in Frage kommenden Mittel lassen dies auf Grund ihrer unüberschaubar großen Zahl und modifizierten Erscheinung zu, noch die Unterrichtssituationen wegen ihrer Komplexität und Faktorenvielfalt, durch die jeder Unterricht den Stempel von Einmaligkeit aufweist. Der Lehrer hat es mit immer derselben Problematik zu tun, seine Entscheidungen und Maßnahmen sind mit Blick auf die einmalige Situation zu treffen, bloß die strukturelle Grundlage seines Handelns bleibt dieselbe – hier: die Auswahl von Anschauungsmitteln danach, ob sie in der maßgeblichen Situation attraktiv und eindeutig genug sind.

Ob ein Anschauungsmittel in einer Unterrichtssituation attraktiv genug ist, um das spezifische Lerninteresse von Schülern zu wecken, kann der Lehrer nur mit Blick auf das Anschauungsmittel und die Lernenden feststellen bzw. vermuten: *Ist dies vorgesehene Anschauungsmittel gerade in dieser Unterrichtssituation für gerade diese Schüler attraktiv?* Im Grunde genommen läßt sich jetzt auch gar kein genereller Ratschlag geben, der etwa besagte, daß bewegte Gegenstände attraktiver seien als ruhende, farbige attraktiver als triste, Realobjekte attraktiver als Surrogate. Die Vielfalt von Mitteln und die Vielzahl von Schülern läßt solche Aussagen schlechterdings nicht zu. Wo die Schüler einer Klasse den bestimmten Film attraktiv finden, werden gleichaltrige Schüler einer anderen Klasse möglicherweise bloß müde abwinken; aber auch Schüler einer Klasse, die an einem Tag einen Film als attraktiv empfinden und prompt »anspringen«, werden am nächsten Tag vielleicht meckern »schon wieder Film!«, vielleicht aber auch emphatisch reagieren »oh, schon wieder ein Film, toll!«.

Außer der Vielzahl möglicher Reaktionen, von denen das Lerninteresse abhängt, wird noch deutlich, daß Attraktivität von Anschauungsmitteln wesentlich durch

die Einstellung von Schülern zu ihnen bestimmt wird. Jetzt werden Sie gleich fragen: Und wodurch wird die wiederum bestimmt? Läßt sich darüber wenigstens Allgemeingültiges sagen?... Eben nicht!
Allein Lehrer können aufgrund ihrer genauen Kenntnisse letzten Endes sagen, ob ein Anschauungsmittel attraktiv genug sein wird, um das Lerninteresse der Schüler auszulösen und auf sich zu ziehen. Hat KLEY recht, wenn er sagt, daß dies vor allem Realobjekte leisten? Realobjekte haben gegenüber üblichen Anschauungsmitteln einen großen Vorteil: Sie sind einmalig, sie kehren nicht wieder; sie können nicht abstumpfen. Eine Kröte kann man als Anschauungsmittel originaler Art einmal in den Unterricht bringen; der Film als Anschauungsmittel wird x-mal eingesetzt. Von hier aus ließe sich tatsächlich vermuten, daß Realobjekte sich gut für die Auslösung von Lerninteresse eignen (nur hierfür, im Hinblick auf weitere Funktionen müssen andere Gesichtspunkte berücksichtigt werden, das meint auch KLEY, 1958). Realobjekte sind in der Regel für Schüler schon deshalb attraktiv, weil sie einen hohen Neuigkeitsgehalt haben, weil noch keine Ermüdungserscheinungen eingetreten sind.
Ob sich entsprechende Vermutungen auch hinsichtlich solcher Anschauungsmittel anstellen lassen, die Schüler zu Handlungen auffordern, muß offen bleiben. Das Schülerexperiment bei WELTNER/WARNKROSS (1971) deutet das an; interessenpsychologische Studien, wie von STEINER (1983), meinen dies festgestellt zu haben. STEINER spricht etwa davon, daß »maximale positive Zuwendung vom Lernenden bei der Aneignung einen aktiven Einsatz« erfordert, also Mittel notwendig macht, die unausweichlich Handlungen benötigen (S. 97/98).
Attraktivität ist also abhängig von den Anschauungsmitteln und der Reaktion von Schülern auf diese. Anschauungsmittel sollten zum einen Neues für die Schüler bedeuten, zum zweiten sie zum Handeln auffordern. Lehrer sollten aber stets *ihre* und nicht irgendwelche Schüler dabei im Blick haben.
Ob ein bestimmtes Mittel eindeutig genug ist, um das Schülerinteresse auf den intendierten Lerninhalt zu richten, hängt von den Mitteln selbst und den Schülern ab. Stellen wir uns einen Sportunterricht vor: Der Lehrer möchte schwerpunktmäßig in einer Stunde Handball spielen lassen, gewisse Wurftechniken erlernen lassen usw. Um organisatorische Brüche zu vermeiden, streut er vor der Stunde für die Erwärmungsphase schon eine Anzahl von Handbällen in der Halle aus. Die Schüler betreten die Halle, sehen die Bälle... Was geschieht? Mit Sicherheit stürzen sie sich auf die Bälle. Aber was tun sie mit ihnen? Sicher werfen einige mit den Bällen, das wäre im Sinne des Lehrers. Sicher aber auch kicken einige mit den Bällen, was nicht vom Lehrer gewollt ist. Er hat *Handbälle* verstreut, nicht *Fußbälle*. Möglicherweise hat er angenommen, daß die Schüler doch wohl erkennen würden, daß es sich um Handbälle handelt. Von sich aus zeigen dies diese Bälle, sie sind deutlich kleiner als Fußbälle. Aber: Wissen das diese Kinder schon? Kennen sie schon Handbälle und können diese von anderen Ballarten unterscheiden?
Und hier zeigt sich die allgemeine Struktur des Problems: Eindeutigkeit im Hinweis, in bezug auf den Lerninhalt, muß schon das Anschauungsmittel aufweisen;

ob aber solche Hinweise und Bezüge von Schülern auch wahrgenommen und befolgt werden können, hängt von ihrem Lernstand ab, von ihrer besonderen Kenntnis im Hinblick auf das Anschauungsmittel. Auch hier wird der Lehrer in den meisten Fällen nicht darum herumkommen, durch zusätzliche Hinweise erst Eindeutigkeit herzustellen, wie beispielsweise durch den Ruf: »Werft euch die Bälle gegenseitig zu und fangt sie auf!« Oder auch nur: »Das sind *Hand*bälle!«

Halten wir fest:
- Attraktivität und Eindeutigkeit kann der Lehrer letzten Endes nur mit Blick auf das Zusammengehen von vorgesehenem Anschauungsmittel und Schülern in einer bestimmten Unterrichtssituation beurteilen. Gleichwohl ist anzunehmen, daß solche Anschauungsmittel für Schüler besonders attraktiv sind, die für sie Neuigkeiten bergen sowie sie zum Handeln veranlassen. Um das Lerninteresse auch in die angestrebte Richtung – auf die Lerninhalte – zu lenken, wird der Lehrer in der Regel ein besonderes Arrangement zu treffen haben, d. h. nicht bloß bestimmte einzelne Anschauungsmittel auszuwählen und in den Unterricht einzubringen, sondern in Kenntnis seiner Schüler, der Beschaffenheit der Mittel sowie der Unterrichtsabsichten Mittel und Schüler durch zusätzliche didaktische Maßnahmen, wie beispielsweise Sprache oder räumliche Anordnung, aufeinander zu verweisen.

────── **Aufgabe** ──────────────────────────────
Welches wäre Ihrer Meinung nach ein attraktives und eindeutiges Anschauungsmittel für den Unterricht über das Thema »Flächenberechnung rechtwinkliger Dreiecke« in einem 5. Schuljahr?
───

3.3.4 Zusammenfassung

Der Zusammenhang von Anschauung und Lerninteresse wurde bereits in einem Kapitel weiter vorne erörtert und Anschauung dort als unabdingbares Moment des Lernprozesses auch im Hinblick auf das Lerninteresse ausgewiesen. Nach Lektüre dieses Kapitels sollten Sie nunmehr wissen:
- *Erstens,* daß Anschauungsmittel das Lerninteresse umfassend steigern können.
- *Zweitens,* daß Anschauungsmittel hierfür das Lerninteresse erwecken, auf sich ziehen, über sich hinaus auf die Lerninhalte richten und wachhalten.
- *Drittens,* daß Anschauungsmittel dies leisten, wenn sie für Lernende attraktiv und eindeutig sind.
- *Viertens,* daß Attraktivität und Eindeutigkeit eine Ihrer ständigen didaktischen Aufgaben sind, und zwar einerseits die Feststellung von bereits vorhandener Attraktivität und Eindeutigkeit, was mit Blick auf die vorgesehenen Anschauungsmittel und die Einstellung der Lernenden zu ihnen geschieht, und andererseits die Herstellung von Attraktivität und Eindeutigkeit durch besondere Maßnahmen.

Das Prinzip der Attraktivität und Eindeutigkeit von Anschauungsmitteln ist eines für die Auswahl von Anschauungsmittel für den Unterricht; weitere werden im folgenden erörtert.

3.4 Erleichterung des Begreifens durch Anschauung

Anschauung ermöglicht zuallererst Begreifen, so wurde weiter vorne festgestellt. Begriffen werden kann nur, was wahrnehmbar ist, und Anschauung macht wahrnehmbar, so daß man sich (mit etwas) auseinandersetzen kann. Das was im Unterricht begriffen werden soll, erwies sich in unseren Erörterungen als grundsätzlich von ideeller Natur, also als nicht wahrnehmbar. Lerninhalte, und um die geht es im Unterricht, müssen durch bestimmte Maßnahmen erst anschaulich gemacht werden, müssen den Lernenden repräsentiert, greifbar und damit begreifbar gemacht werden. Unsere Frage richtet sich darauf, was Lehrer bei der Veranschaulichung von Lerninhalten beachten müssen.

3.4.1 Anschauungsmittel und Begreifen

Die notwendige Aufgabe, Anschauung von den zu lernenden Inhalten zu schaffen, wird von Anschauungsmitteln erfüllt. Diese Mittel machen sinnlich wahrnehmbar, was gelernt werden soll. Sie führen es vor die Sinne der Lernenden und ermöglichen diesen so die lernwirksame Auseinandersetzung. Mittel machen sichtbar, was durch Sehen gelernt werden kann, sie machen hörbar, was durch Gehör, fühlbar, was durch Tasten, riechbar, was durch Geruch, schmeckbar, was durch Geschmack gelernt werden kann.

────── **Beispiel** ──────────────────────────────────
In Südostasien gibt es eine Frucht, die von vielen Menschen wegen ihres unvergleichlichen und köstlichen Geschmacks als »Königin der Früchte« bezeichnet wird, die Durian. Außer durch ihren Geschmack zeichnet sie sich durch ihren Geruch aus. Über sie heißt es im Volksmund: »She smells like the hell, but she tastes like the heaven« (»Sie riecht wie die Hölle, aber sie schmeckt wie der Himmel«). Ihr Geruch ist so penetrant, daß Hotelportiers in der Regel nicht zulassen, daß Durianfrüchte mit auf das Zimmer genommen werden. Angenommen, ein Lehrer möchte Schülern diese Frucht nahebringen, sie diese Frucht kennen, ihre besonderen Eigenschaften erlernen lassen. Ein Bild genügte mit Sicherheit nicht. Es würde auch nicht ausreichen, nur die cremige Füllung der Durian schmecken zu lassen; es müßte den Kindern die ganze Frucht vorgeführt werden, vor die Augen, vor die Nase vor allem und auf die Zunge.
Anmerkung: Die wenigsten unter Ihnen dürften diese Frucht kennen. Sie ist leicht verderblich und kann nicht bis zu uns transportiert werden. Wenn überhaupt, so kennen bei uns manche den Namen Durian, können aber keine Erinnerung an

Abb. 7: So sehr lieben die Einwohner von Singapur ihre Durian ... (aus: Singapur Times 1983)

deren Geruch und Geschmack wachrufen. Ein typisches Beispiel dafür, daß man in der Tat Schmeckbares nur mit der eigenen Zunge, Riechbares nur über die eigene Nase lernt, wenn es von so einmaliger Art ist, daß früher gemachte eigene Geschmacks- und Geruchserfahrungen nicht herangezogen werden können.

––––––– **Aufgabe** –––
Führen Sie bitte typische Anschauungsmittel an, wie sie im Unterricht verwendet werden!

	Lerninhalt	**Anschauungsmittel**
sichtbar	Pyramiden von Gizeh	Dias
riechbar		
fühlbar		
schmeckbar		
hörbar		

Mittel also sind es, die Schülern im Unterricht Anschauung von den zu lernenden Inhalten verschaffen, diese so erst lernbar machen. Mittel führen die Lerninhalte buchstäblich vor die Sinne der Schüler. Und zwar können sie dies nur, weil sie selbst gegenständlicher Art sind – materiell im Unterschied zu ideell und deshalb sinnlich wahrnehmbar. Ein Foto beispielsweise ist selbst wahrnehmbar, ein Foto der »Pyramiden von Gizeh« macht diese wahrnehmbar, in diesem Fall sichtbar, weil das Foto selbst etwas Sichtbares ist. Anschauungsmittel sind gegenständlich und vergegenständlichen durch sich Lerninhalte.

Es leuchtet wohl unmittelbar ein, daß die Art der Vergegenständlichung vom Mittel und seiner spezifischen Funktion abhängig ist. Eine Schallplatte kann bloß Töne hervorbringen und vor die Ohren stellen. Eine Bildplatte neuer Art hingegen Lerninhalte sichtbar und hörbar machen. Die gebräuchlichen bzw. in Frage kommenden Anschauungsmittel sind von höchst unterschiedlicher gegenständlicher Art und wirken sich dementsprechend auch höchst unterschiedlich auf die Lerninhalte aus. P. HEIMANN sprach davon, daß ein Anschauungsmittel bzw. Medium »Inhalte durch seine Form-Qualitäten überraschend zu intensivieren, zu verfremden, zu akzentuieren, zu entsubstantialisieren und verflüchtigen« vermag (1962, S. 421).

Wo Anschauungsmittel von einfacher Art sind, gemessen an den Sinnen des Menschen immer nur einen Sinn anzusprechen vermögen, da ist die didaktische Problematik auch einfach. Die eindeutige Form-Qualität eines solchen Mittels ist leicht auszumachen und kann hinsichtlich ihrer Auswirkung auf Lerninhalte gut eingeschätzt und bei Entscheidungen berücksichtigt werden. Kein Lehrer z. B. wird von Zweifeln geplagt werden, wie er ein Foto einsetzen kann, er wird es ausschließlich für visuelle Veranschaulichungen verwenden. Aber – erweitern wir dies Beispiel – wo in die fotografische Darstellung – eine andere Dimension dieses Anschauungsmittels als die bloße Tatsache, daß es sich um ein Foto handelt – gestalterische Impulse gelangen, da werden sich diese auch bei der Veranschaulichung von Inhalten auswirken. So wird eine fotografische Aufnahme des Kölner Doms bei strahlendem Sonnenschein wahrscheinlich keine besonderen Gefühle bei Betrachtern auslösen und sie den Bau ohne große Abstriche sehen lassen; ein bei regnerischem Wetter aufgenommenes Foto des Domes weckt möglicherweise im Betrachter Melancholie, läßt den Bau entsprechend gefühlsmäßig gefärbt wahrnehmen, was unter Umständen vom Fotografen sogar so beabsichtigt war. Aus künstlerischer Fotografie und Werbung wissen wir ja zur Genüge, daß solche Gestaltungsmöglichkeiten und daraus resultierende Wirkungen für die Repräsentation der Inhalte bewußt eingesetzt werden, um daraus wiederum gezielte Auswirkungen auf die Betrachter ergehen zu lassen.

Das didaktische Problem für Lehrer wird komplizierter, je komplexer, vielschichtiger die vorgesehenen Anschauungsmittel sind. Deren besondere Art und Form-Qualität sowie Auswirkungen auf die Veranschaulichungen werden schwerer schätzbar. Und die meisten im Unterricht verwendeten Mittel sind von komplexer Qualität. Gegenwärtig wissen wir noch nicht sehr viel über die je besonderen Auswirkungen von Merkmalen der Anschauungsmittel auf Lernen im Unterricht, d. h. hier im besonderen nicht über die Wirkung auf die Vergegenständlichung von Lerninhalten. Lehrer werden im täglichen Unterricht und dem darin wirkenden ständigen Handlungsdruck auch kaum umfangreiches Detailwissen über entsprechende Wirkungszusammenhänge aktualisieren können. Lehrer brauchen wenige Prinzipien für ihre maßgeblichen didaktischen Entscheidungen.

Im erörterten Zusammenhang sollten Lehrer wissen, wonach sie Anschauungsmittel auswählen und einsetzen können, welche Anforderungen Anschauungsmittel unbedingt erfüllen müssen, um zur Vergegenständlichung bestimmter Lerninhalte in Frage zu kommen. Was sie auf keinen Fall bewirken dürfen: Verfälschung des Lernens und Erschwerung des Lernens. Von hier aus soll weiter gefragt und erörtert werden.

Unverfälscht einerseits muß die Veranschaulichung der Lerninhalte erfolgen, damit auch tatsächlich gelernt wird, was gelernt werden soll, damit nicht falsche Inhaltlichkeit begriffen und gespeichert wird. Dies muß zudem andererseits so erfolgen, daß Begreifen für die Lernenden so leicht wie möglich wird, auf keinen Fall erschwert wird durch die eingesetzten Mittel. Anschauungsmittel müssen also die Lerninhalte sachgerecht und möglichst lernerleichternd präsentieren.

Daß dies durchaus nicht immer der Fall ist, geradezu oft gegenteilig geschieht, mögen zwei Beispiele zeigen.

––––––– **Beispiel 1** –––––––––––––––––––––––––––––––
In den frühen 70er Jahren wollte ein Student im Praktikum in einem 5. Schuljahr den Schülern im Geschichtsunterricht den Unterschied zwischen arm und reich, ohnmächtig und mächtig usw. im Ägypten des Altertums deutlich machen. Im Rahmen einer selbstgebastelten Erzählung stellte er u.a. dar, daß der Pharao und sein Hofstaat Kuchen äßen, die Fellachen hingegen bloß Kartoffeln...
Auf die Frage in der Nachbesprechung, ob denn die Kartoffel im frühen Ägypten überhaupt schon bekannt gewesen sei, antwortete der Student, daß es ja darauf gar nicht ankäme, sondern nur auf das Prinzip...
––

War diese Erzählung, die der Veranschaulichung dienen sollte, sachgerecht!?

––––––– **Beispiel 2** –––––––––––––––––––––––––––––––
Eine Studentin unterrichtete im 2. Schuljahr im Heimat- und Sachunterricht über das Thema »Bohne«. U.a. sollten die Schüler am Ende der Unterrichtsstunde ein vorgezeichnetes Arbeitsblatt im DIN-A4-Format ausfüllen (in der Abbildung ist mit Schreibmaschine eingetragen, was die Schüler handschriftlich eintragen sollten):

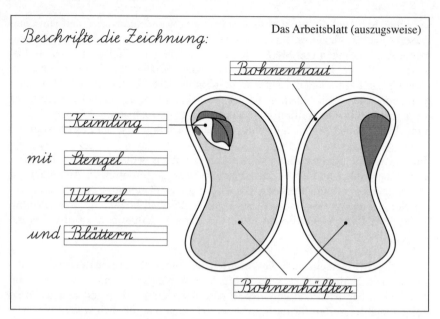

Um dieses Arbeitsblatt so vorzubereiten, daß sich bei diesen Kindern weder Sach- noch Rechtschreibfehler einschleichen konnten, hatte die Studentin während des Unterrichtsverlaufs schon eine ähnliche Tafelzeichnung entwickelt:

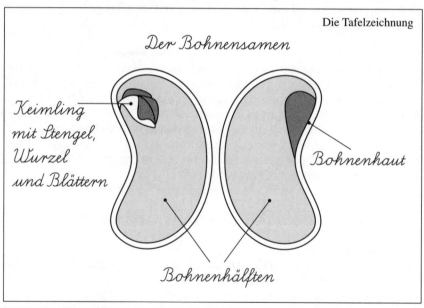

Sind beide Abbildungen – als Anschauungsmittel eingesetzt – sachgerecht? Falsche Informationen enthalten sie für die Schüler jedenfalls nicht, die Mittel haben keine Verfälschung bewirkt oder gar vorgenommen. Dennoch führte die Tafelzeichnung bei den Schülern zu nicht ganz sicherem Verständnis, was sichtbar wurde, als sie das Arbeitsblatt auszufüllen begannen. Sie wurden nicht sofort mit allen dort vorgegebenen und auszufüllenden Feldern fertig, wurden unruhig, fragten untereinander und die unterrichtende Studentin. Wo zeigte sich Unsicherheit? Warum?
Obwohl vorher durch Auseinanderklauben einer Bohne mit eigenen Händen deutlich vor Augen geführt, waren sie plötzlich unsicher, was denn nun »Bohnenhaut« und »Keimling« waren. Der von der Studentin ohne viel Überlegung in der Tafelzeichnung gezogene Strich zur Bezeichnung »Bohnenhaut« hatte die Schüler verunsichert. Warum dies so geschah, können Sie sich wohl selbst weiter erläutern!
Anschauungsmittel haben die Aufgabe *Lerninhalte unverfälscht und ohne Erschwernisse für Schüler zu vergegenständlichen.* Durch ihre besondere Form-Qualität, wie HEIMANN ihre je besondere eigene Art von Gegenständlichkeit bezeichnete, beeinflussen sie die Vergegenständlichung von Lerninhalten nachhaltig. Dabei kann es unversehens auch zu Erschwerungen für das Begreifen oder gar zu Verfälschungen kommen. Die didaktische Aufgabe des Lehrers liegt hier also darin, solche Anschauungsmittel auszuwählen und einzusetzen, die das Begreifen sachgerecht und erleichternd ermöglichen, bzw. solche zu vermeiden, die verfälschend und erschwerend sein könnten.

3.4.2 Isomorphie und Validität von Anschauungsmitteln

Wie schon erwähnt, verfügt wohl kein Lehrer über jenes detaillierte Tatsachenwissen hinsichtlich des Zusammenhangs von allen möglichen Anschauungsmitteln, Lerninhalten und dem Begreifen, um in jedem einzelnen Fall die richtige Zuordnung treffen zu können. Selbst wenn das notwendige Hypothesenwissen durch die wissenschaftliche Didaktik schon aufbereitet worden wäre – was aber nicht einmal im geringsten Maße bisher geschehen ist –, würde wohl kein Lehrer unter dem Zwang simultanen Handelns in komplexen Unterrichtssituationen solches Wissen auch angemessen aktualisieren können. Lehrern ist am ehesten geholfen, wenn sie Prinzipien kennen, an denen sie ihr situatives Handeln orientieren können.

Ich möchte hier zwei Prinzipien vorschlagen:
- das Prinzip der Isomorphie und
- das Prinzip der Validität von Anschauungsmitteln

Beide hängen zusammen.
U. FREYHOFF sagt über Anschauungsmittel (1971, Sp. 677): »In jedem Fall müssen sie den von ihnen gemeinten Inhalt der Sache nach angemessen zur Darstel-

lung bringen (Prinzip der Isomorphie).« Isomorphie bedeutet Strukturidentität bzw. -gleichheit. Hier von Isomorphie der Anschauungsmittel zu sprechen, meint die Übereinstimmung der Struktur von »Mittel« und »Inhalt«. Solche Anschauungsmittel werden als isomorph bezeichnet, die in ihrer Struktur mit der Struktur der Lerninhalte übereinstimmen, deren eigene Form-Qualität die »Sache« angemessen und unverfälscht vergegenständlicht.

Daß die Struktur des Anschauungsmittels, seine Form-Qualität, sich auf die gemeinte Sache auswirkt, wurde bereits gesagt. Nach der Unterschiedlichkeit dieser Auswirkung werden Anschauungsmittel u. a. klassifiziert. Der »Kegel der Erfahrung« nach DALE beispielsweise anerkennt die unterschiedliche Form-Qualität, nämlich von »größter Konkretheit« zu »höchster Abstraktheit«, und weist auf die daraus resultierenden Wirkungen auf die Repräsentation von Lerninhalten hin, nämlich von »konkretisierend« bis »abstrahierend«. Nehmen Sie als ein Beispiel das Thema »Die Pyramiden von Gizeh«: Der Lehrer aus Kairo führt seine Schüler aus der Stadt zu den Pyramiden hin, läßt sie hinaufklettern, Skizzen anfertigen usw. Es handelt sich um eine »direkte, zweckvolle Erfahrung«, die seine Schüler hier machen können, verbunden mit der »Exkursion«; sie erleben die Pyramiden in ihren real-konkreten Erscheinungen. Der Lehrer in Stuttgart zeigt seinen Schülern Dias der Pyramiden und hängt ein Großbild an der Klassenwand auf. Seine Schüler erfahren die Erscheinung der Pyramiden in einer weitaus weniger konkreten Form, z.B. fehlt der Repräsentation durch Bilder die Körperlichkeit, die dritte Dimension. Noch weniger konkret, sogar höchst abstrakt erfahren die Schüler eines bequemen Lehrers die besondere Erscheinung der Pyramiden, wenn dieser sich mit einer kurzen sprachlichen Schilderung der Form, allenfalls unterstützt durch Mimik, Gestik und oberflächliche Kreideskizzen an der Tafel, begnügt.

---- **Aufgabe** ----

a) Welche Schüler begreifen die besondere Erscheinung der Gizeh-Pyramiden am leichtesten?

b) Schleichen sich bei einem der drei Anschauungsmittel zwangsläufig Verfälschungen der Sache ein?

Bei Aufgabe a) haben Sie sicher – umgekehrt argumentierend – leicht antworten können, daß die Schüler des bequemen Lehrers eine das Begreifen erschwerende Situation meistern mußten. Sie mußten Worte, Begriffe und karge Skizzen in Bilder, Vorstellungsbilder, umsetzen. Sie konnten dies meistern, vorausgesetzt sie verfügten schon über genügend entsprechende Vorstellungen. Aber unmöglich war es für sie nicht, die Erscheinung der Gizeh-Pyramiden zu begreifen. Wie sieht es bei den Schülern aus Kairo und Stuttgart aus? Sie mögen vielleicht spontan geneigt gewesen sein, den Schülern aus Kairo Lernvorteile einzuräumen. Sie haben dann aber möglicherweise gezögert und sich gefragt, ob das denn tatsächlich wohl der Fall sei, ob nicht die Stuttgarter Schüler die Erscheinung dieser Pyramiden genauso leicht erlernten. Und wenn Sie noch weitergedacht haben, dann haben Sie sicher überlegt, daß die Kairoer Schüler die Pyramiden zwar sehen, fühlen usw. konnten, ein Erlebnis besonderer Art hatten, daß aber das Erlernen der Erscheinung dieser Bauwerke dadurch nicht unbedingt leichter wurde... Zumindest dürfte deutlich geworden sein, daß mit der Unterscheidung von Anschauungsmittel, nach dem Grad ihrer Konkretions- bzw. Abstraktionsfähigkeit nicht zugleich auch eine Unterscheidung ihrer Wirksamkeit für Erkennen und Begreifen getroffen worden ist. Ein sehr abstraktes und abstrahierendes Anschauungsmittel, wie z. B. »verbale Symbole«, kann grundsätzlich einen Begreifensprozeß genauso stark erleichtern wie ein konkretes und konkretisierendes Mittel.

Bei Aufgabe b) haben Sie – vielleicht nach anfänglichem Zögern – eigentlich nicht anders antworten können als: »zwangsläufig« bringt keines der genannten Anschauungsmittel eine Verfälschung mit sich. Aber eine Verfälschung stellt sich eher bei den letzteren Mitteln ein. Das Original selbst steht für sich, kann also nicht falsch sein, kann allenfalls sich selbst im Wege stehen, wenn es so groß und unübersichtlich wie die Pyramiden ist. Dias hingegen können – müssen aber nicht – verfälschen, wenn sie z.B. ein zu einseitiges, ein zu unscharfes o. ä. Bild vermitteln. Und die Sprache kann, besonders bei nachlässigem Gebrauch, falsche Vorstellungen vermitteln. Dias und Sprache können aber auch, sofern sie sachangemessen und angestrengt verwendet werden, ein exaktes Bild vermitteln, unverfälscht. Von der Konkretheit oder Abstraktheit von Anschauungsmitteln ist es also nicht schon abhängig, ob eine Sache angemessen oder unangemessen vergegenständlicht wird. Das hängt vielmehr vom Gebrauch ab, den Lehrer von Anschauungsmitteln machen, von der didaktischen Anwendung.

Isomorphie von Anschauungsmitteln kann aus dem »Kegel der Erfahrung« nicht abgelesen werden, ist nicht generell von ihrer Form-Qualität her ersichtlich. Es muß immer darauf gesehen werden, welches besondere Anschauungsmittel welchen besonderen Lerninhalt vergegenständlichen soll, um festzustellen, ob es dies isomorph zu leisten imstande ist. Nicht Konkretheit oder Abstraktheit, nicht Komplexität oder Einfachheit, nicht Viel- oder Eindimensionalität von Mitteln sind Anzeichen für ihre Isomorphie mit den gemeinten Lerninhalten.

Beispiel

Sie kennen sicher die beiden Träume des ägyptischen Pharaos, wie sie in 1. Mose, Kapitel 41 der Bibel geschildert werden, die Joseph deutet. In einer didaktischen Hilfe für den Grundschulunterricht in Religion (E. STEINWAND/L. CORBACH, Lasset uns aufsehen auf Jesum, Plan B, Göttingen 1957, S. 275/276) werden für die Veranschaulichung dieser Träume dem Lehrer zwei Skizzen empfohlen, die er in Kreideskizzen auf die Wandtafel übertragen soll, wenn er den Schülern diese Josephsgeschichte erzählt:

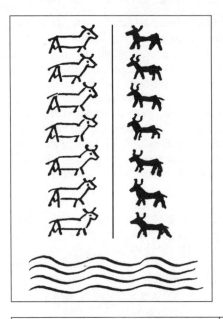
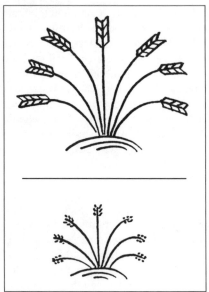

Das 41. Kapitel.

Pharaos Träume, Josefs Deutung, Erhöhung und Fürsorge für Ägypten.

1. Und nach zwei Jahren hatte Pharao einen Traum, wie er stünde am Nil

2. und sähe aus dem Wasser steigen sieben schöne, fette Kühe; die gingen auf der Weide im Grase.

3. Nach diesen sah er andere sieben Kühe aus dem Wasser aufsteigen; die waren häßlich und mager und traten neben die Kühe an das Ufer am Wasser.

4. Und die häßlichen und mageren fraßen die sieben schönen, fetten Kühe. Da erwachte der Pharao.

5. Und er schlief wieder ein, und ihm träumte abermals, und er sah, daß sieben Ähren wuchsen aus einem Halm, voll und dick.

6. Darnach sah er sieben dünne Ähren aufgehen, die waren vom Ostwind versengt.

7. Und die sieben mageren Ähren verschlangen die sieben dicken und vollen Ähren. Da erwachte der Pharao und merkte, daß es ein Traum war.

8. Und da es Morgen ward, war sein Geist bekümmert; und er schickte aus und ließ rufen alle Wahrsager in Ägypten und alle Weisen und erzählte ihnen seine Träume. Aber da war keiner, der sie dem Pharao deuten konnte. Dan. 2, 2.

9. Da redete der oberste Schenke zu Pharao und sprach: Ich gedenke heute an meine Sünden.

10. Da Pharao zornig ward über seine Knechte und mich mit dem obersten Bäcker ins Gefängnis legte in des Hauptmanns Hause,

11. da träumte uns beiden in einer Nacht, einem jeglichem sein Traum, des

───── **Aufgabe** ─────────────────────────────────

Halten Sie diese Skizzen für isomorph? Tragen sie zur Lernerleichterung bei, zum Begreifen der beiden Träume und deren Deutung durch Joseph?

Nach dem Prinzip der Isomorphie zu verfahren, verlangt vom Lehrer die Überprüfung aller vorgesehenen Anschauungsmittel daraufhin, ob sie aufgrund ihrer besonderen Form-Qualität den intendierten Lerninhalt sachgerecht und unverfälscht vergegenständlichen. Herausgestellt hat sich, daß die Form-Qualität die Vergegenständlichung beeinflußt, daß die gemeinte Sache vereinfacht, pointiert, verflüchtigt, elementarisiert, vergröbert u. ä. repräsentiert werden kann. Herausgestellt hat sich aber auch, exemplarisch am »Kegel der Erfahrung« und an seinem Klassifikationskriterium Konkretheit bzw. Abstraktheit erörtert, daß aufgrund solcher Beeinflussungen nicht grundsätzlich auch von einem Mangel an Isomorphie, an Sachgerechtheit der Repräsentation gesprochen werden kann. Unter Umständen kann eine pointierte, ja einseitige Vergegenständlichung sogar besonders lernwirksam sein.

Gemessen an der Darbietung des Farnkrautes durch ein tatsächliches Büschel dieses Krautes ist jedes Bild davon eine Reduktion. Wenn es aber nicht um das Farnkraut insgesamt, sondern um seine Sporen geht, dann leistet z. B. die Vergrößerung einer mikroskopischen Aufnahme eine angemessenere Repräsentation als das Kraut selbst. Wir stoßen hier wieder auf ein schon mehrfach erörtertes Problem: Im Unterricht geht es gar nicht immer um die Wirklichkeit in ihrer komplexen zusammenhängenden Erscheinung, sondern oft um kleinste Ausschnitte, oft um bloße Aspekte. Man darf nicht in den Fehler verfallen, das Original der konkreten Wirklichkeit grundsätzlich als Lerninhalt aufzufassen und dann konsequenterweise auch dem Original als Anschauungsmittel beste Form-Qualität zuzusprechen (vgl. S. 60 u. ff.). Man muß vielmehr in jedem einzelnen Fall den gemeinten Lerninhalt kennen und Isomorphie eines Mittels im Hinblick darauf festzustellen suchen.

Isomorph ist ein Mittel, wenn es die gemeinte Sache gerecht vergegenständlicht. Bei manchen gebräuchlichen Anschauungsmitteln ist leicht erkenntlich, daß sie dies leisten bzw. dies nicht leisten können oder daß eines es besser als ein anderes leisten kann. Wo Bewegungen erkannt werden sollen, kommen nur Anschauungsmittel in Frage, die eben Bewegungen durch ihre besondere Art vergegenständlichen können. Das kann durch beobachtbare Originale, durch Filme o. ä. geschehen. Wo Schüler die Bewegung von Samenzellen durch ihre Geißeln auf eine Eizelle zu begreifen sollen, wird ein Film dies besser leisten können als ein Dia oder Bilder anderer Art. In diesem Fall wird sich auch die Konfrontation mit dem Original verbieten, wo dessen geringe Größe keine Wahrnehmung zuläßt. Gerade hier ist das Original nicht isomorph, nicht im anschauungstheoretischen Sinne. Der originale Vorgang muß zuallererst durch andere Mittel so aufbereitet, vergrößert werden, daß er wahrnehmbar, anschaulich wird. Wo es um Töne geht, werden Bilder u. ä. nicht in Frage kommen. Begreifen farblicher Sachen werden durch schwarz-weiße o. ä. Abbildungen nicht möglich usw.

------ **Aufgabe** ------

Sehen Sie besonders prägnante Beispiele für isomorphe bzw. nichtisomorphe Anschauungsmittel?

Wenn nur mit der Kategorie isomorph verfahren wird, kann das hier anstehende didaktische Problem – Anschauungsmittel und Begreifen – nach meinen Erfahrungen nicht voll erkannt werden. Der Isomorphiebegriff schränkt das Sichtfeld auf die Strukturgleichheit ein, wobei die Struktur des Mittels, seine Form-Qualität, in den Brennpunkt rückt. Aber nicht alle didaktischen Auswirkungen können allein aufgrund der Gegenstandsstruktur von Anschauungsmitteln erklärt werden. Es gibt Anschauungsmittel, die trotz gleichbleibender Struktur und Form-Qualität unterschiedliche Folgen für das Begreifen haben. Die Ursachen für Erschwernisse und Verfälschungen können hier nicht bzw. nicht immer auf der Seite des Anschauungsmittels angesiedelt sein. Sie müssen also in der didaktischen Situation liegen. Eine generelle Ortung wird nicht versucht, weil diese sich wegen der vielen möglichen Orte im komplexen Unterrichtsgeschehen verbietet. Alle derartigen Phänomene sollen mit dem Begriff der *Validität* in den Betrachtungsvordergrund gerückt werden.

Validität meint allgemein *Gültigkeit*. Anschauungsmittel als valide zu bezeichnen, meint, daß sie tatsächlich auch vergegenständlichen, was sie vergegenständlichen sollen, daß sie ihre Veranschaulichungsaufgabe also zutreffend lösen. Wenn beispielsweise ein Film das Leben der australischen Ureinwohner darstellen soll, dies aber nur unzulänglich tut, weil etwa ganze Lebens- und Wandergewohnheiten gar nicht aufgenommen worden sind, dann liegt dies nicht an der Strukturgesetzlichkeit dieses Mittels, nämlich des Films, sondern an der Nutzung des Films. Auf jeden Fall ist dieser Film didaktisch nicht valide, nicht hinsichtlich der intendierten Repräsentation.

Validität erreicht ein Anschauungsmittel erst, wenn alle für die Vergegenständlichung von Lerninhalten geltenden Forderungen erfüllt sind. Solange auch nur eine unerfüllt ist, kann ein Anschauungsmittel nicht valide sein, kann es keine zutreffende Repräsentation leisten.

------ **Beispiel** ------

In einem 4. Schuljahr einer Schule im Nordwesten Deutschlands begann der Lehrer im damaligen Heimatkundeunterricht eines Tages mit der Karte zu arbeiten, und zwar der von Norddeutschland, um den Schülern das Land Niedersachsen vor Augen zu führen. Worauf er keinen Wert legte, war die Klärung der üblichen Legende zu Karten, weil er annahm, daß die Kartenfarben usw. bereits im 3. Schuljahr am Beispiel der Heimatkarte von Ostfriesland gelernt worden waren. Der Lehrer war sehr erstaunt, als die Schüler ihm auf entsprechende Fragen den Harz als Moor, andere Mittelgebirgsteile als Geest auswiesen. Erst nach und nach kam er den Ursachen hierfür auf die Spur. Die Heimatkarte von Ostfriesland hatte selbstverständlich die drei hauptsächlichen Bodenarten ausgewiesen, die dieses Land kennzeichnen, nämlich von außen bzw. Norden nach innen die Marsch, die Geest und das Moor. Da diese Karte in den Nachkriegsjahren mit unzureichenden Geräten und unzulänglichen Farben auf gräulichem, grobem Papier gedruckt worden war, zeigte sie die Marsch grünlich, die Geest gelblich und das Moor braun, und auch die Legende tat dies in derselben Weise. Bei diesen Kindern hatte sich also eine dem üblichen nicht entsprechende symbolische Bedeutung der Kartenfarben eingeschlichen. Ihr besonderer Kenntnisstand war so, daß sie jede üblich strukturierte Karte falsch verstehen mußten. Sie interpretierten grüngefärbte Gebiete als Marsch, gelbgefärbte als Geest und braungefärbte als Moor. Nicht Höhenlagen, sondern Bodenarten und -qualitäten signalisierten ihnen die üblichen Kartenfarben.

Für diese Schüler unter diesen Umständen stellte die vom Lehrer gewählte Karte von Norddeutschland kein valides Anschauungsmittel dar. Validität erreichte sie erst durch zusätzliche Informationen über die Bedeutung von Kartenfarben. Danach konnten auch diese Schüler ohne weiteres Karten richtig lesen, d. h. sie sahen durch Karten vergegenständlicht, was diese vergegenständlichen sollten.

Aufgabe
Können Sie sich an einen Unterricht erinnern, in dem offensichtlich das/die Anschauungsmittel nicht valide waren!?

Die didaktische Aufgabe des Lehrers, solche Anschauungsmittel auszuwählen und einzusetzen, die Schülern das Begreifen erleichtern, sollte sich an der Isomorphie und Validität von Anschauungsmitteln orientieren, d. h. es ist danach zu fragen,
- ob ein ins Auge gefaßtes Anschauungsmittel von seiner eigenen Art, seiner Form-Qualität her so beschaffen ist, daß es den gemeinten Lerninhalt, die Sache angemessen, klar und unverfälscht vergegenständlicht;
- ob ein vorgesehenes Anschauungsmittel in einer bestimmten Unterrichts- und Lernsituation die Anschauung valide leisten kann.

3.4.3 Bestimmungsmomente von Isomorphie und Validität

Wie bei allen didaktischen Entscheidungen, gilt auch für die über Anschauungsmittel, daß sie letztlich nur in der Unterrichtssituation und in Kenntnis der darin wirksamen Kräfte und Strukturen angemessen getroffen werden können. Für die Entscheidung über den Einsatz von Anschauungsmitteln sollte ein Lehrer den Blick besonders auf drei Momente richten:
- auf die in Frage kommenden und vorgesehenen Anschauungsmittel;
- auf die ausgewählten Lerninhalte;
- auf die Schüler.

Die Frage nach dem jeweiligen Anschauungsmittel richtet sich ja darauf, welches bestimmte Mittel in einer bestimmten Situation bestimmten Kindern bestimmte Lerninhalte am besten begreiflich machen kann. Diese laiensprachliche Formulierung führt auch noch einmal vor Augen, daß es sich für Lehrer geradezu verbietet, die Mittelfrage als generelle Frage zu verstehen; das birgt die Gefahr stereotyper Antworten in sich.

Mit Blick auf die möglichen Anschauungsmittel sollte ein Lehrer fragen, was sie aufgrund ihrer besonderen Art leisten können und im einzelnen wohl bewirken. In der Regel haben Lehrer, wenn sie sich der Frage der Veranschaulichung im konkreten Unterrichtsfall zuwenden, bereits mehr oder weniger bewußt eine Vorauswahl getroffen und eine begrenzte Anzahl von möglichen Anschauungsmitteln zur Auswahl.

Als erstes gilt es, die besondere Art dieser Anschauungsmittel kennenzulernen, d. h. welcher gegenständlichen Art sie selbst sind, welche Strukturgesetzlichkeit bzw. Form-Qualität sie aufweisen. Der Schwarz-Weiß-Stummfilm z. B. ist:
a) ein Film, d. h. ein Bewegung aufzeichnendes und wiedergebendes Mittel;
b) ein stummes Mittel;
c) ein bloß schwarz-weiß aufzeichnendes und wiedergebendes Mittel.

In dieser Beschreibung drückt sich die Form-Qualität dieses Anschauungsmittels aus und damit zugleich auch die von ihm ausgehenden Einwirkungen, Grenzziehungen usw. auf Lerninhalte, die sich auf diese bei der Vergegenständlichung auswirken:
a) Dieses Mittel gestattet es, zur Veranschaulichung von Bewegungen eingesetzt zu werden, es wird möglicherweise unbewegte ruhende Sachverhalte gar nicht sachgerecht oder mit zu hohem Aufwand veranschaulichen können. Der Film kann beispielsweise – gekoppelt mit besonderen Aufnahmetechniken – die Teilung von Zellen so vor Augen führen, daß sie ohne Schwierigkeiten von allen Zuschauern begriffen werden kann. Das Bild einer einzelnen Zelle und ihres Binnenaufbaus würde ein Film zwar sachgerecht vorführen können, aber ein Standbild täte dies auch und mit wesentlich geringerem Aufwand.
b) Der Stummfilm ohne Tonspur kann nur ins Bild setzen, bloß vor Augen führen. Wo auch hörbar gemacht werden soll, was zu begreifen ist, wie z. B. ein bestimmter Volkstanz mit typischer Melodie und besonderem Rhythmus, kommt er nicht mehr in Frage.
c) Diese Filmart kann Bewegungen vorführen, die ohne Berücksichtigung ihrer besonderen farblichen Gestaltung verständlich werden sollen. Wo beispielsweise die Reaktion von Bienen auf farblich gestaltete Einflüglöcher in den Bienenstöcken und der Bienentanz gezeigt und begreiflich gemacht werden soll, muß diese Art von Film versagen, stößt er an seine Grenzen, weil er keine Farbe vergegenständlicht.

Die besonderen Möglichkeiten und Grenzen eines Mittels für die Veranschaulichung von Sachverhalten zu erkennen, wie sie sich ihm aufgrund seiner eigenen Struktur stellen, ist die erste spezifische Aufgabe des Lehrers. In wissenschaftlicher Manier verfolgte F. M. DWYER diese Frage in einem bestimmten Fall. Für den Einsatz bei Studienanfängern in der Medizin wollte er feststellen, welches Medium ihnen das menschliche Herz am ehesten begreiflich machen konnte. Es stellte sich heraus, daß nicht das originale Herz selbst oder detailliert-genaue Zeichnungen dies leisten, sondern, wie er selber sagt: »Es scheint, daß die einfachsten Illustrationen die effektivsten sind.« Und er erläutert dies: »Die Ergebnisse zeigen offensichtlich an, daß die Wegnahme realistischer Details in Illustrationen nicht unbedingt deren Informationserfolg verringert und daß in vielen Fällen dieser sogar gesteigert wird. Weil ein Übermaß an Realität im Einzelfall die Übernahme von Informationen stören kann und weil bestimmte Arten von äußeren Reizen nicht wahrgenommen werden, scheint es notwendig, daß Lehrer an der Struktur visueller Illustrationen interessiert sind und jene charakteristischen Merkmale zu entdecken versuchen, die bestimmtes Lernen erleichtern« (1969, S. 261). Was DWYER am besonderen Fall des Herzens entdeckte, sind also mögliche Interferenzauswirkungen, die aufgrund vieler und sich überlagernder Details von Anschauungsmitteln entstehen und das Begreifen erschweren können.

Eine zwar grobe, aber brauchbare Hilfe bietet der »Kegel der Erfahrung« von DALE (vgl. S. 63 u. ff.). In der Dreiteilung möglicher durch Mittel ausgelöster Lernsituationen zeigt er dem Lehrer Folgen einzelner Anschauungsmittel. Diese leiten Schüler (1.) entweder zum *Tun* oder (2.) zur *Beobachtung* an oder (3.) *versinnbildlichen* bloß. Mittel des oberen Drittels im Kegel beispielsweise können nur eingesetzt werden, wo es genügt, Lerninhalte »versinnbildlicht« den Schülern vorzustellen; in allen anderen Fällen, wo Lerninhalte unbedingt oder auch nur wünschenswerterweise in »Beobachtung« oder »Tun« vorgeführt werden sollen, müssen sie versagen.

―――― **Aufgabe** ――――
Versuchen Sie bitte die besonderen Momente des »Arbeitsblattes« (einfarbiges Hektogramm) zu beschreiben (Möglichkeiten? Grenzen?)!

Als zweites gilt es, die besondere Struktur von Lerninhalten aufzudecken, die zu veranschaulichen sind. In der alten Form der »didaktischen Analyse« nach W. KLAFKI war noch eine Fragefolge vorgegeben, mit der man die Struktur von Inhalten aufdecken und auch schon erste Möglichkeiten zur Veranschaulichung erkennen konnte (vgl. W. H. PETERSSEN, 1994, bes. S. 47 ff.).
Allerdings ist eine solche Analyse sehr aufwendig und wird vor allem auch wegen ihres Anspruches nicht der Medienaufgabe untergeordnet werden können. Im Anschluß an den soeben erwähnten »Kegel der Erfahrung« bietet es sich aber an, danach zu fragen, ob die gemeinten Lerninhalte ein Tun, eine Beobachtung

oder eine Versinnbildlichung betreffen und welche Art von Veranschaulichung sie am besten greifbar macht. War weiter vorne vom Film und dessen Möglichkeit, ihn für Bewegungssachen einzusetzen, die Rede, so stoßen wir hier von der anderen Seite auf dasselbe Problem: Bewegte Sachen benötigen ein Mittel, das selbst so strukturiert ist, daß es Bewegung auch veranschaulichen kann. Wo es beispielsweise um das Begreifen der besonderen Musik des »Bolero« von Ravel geht, da wird die Schallplatte oder ein anderer Tonträger erforderlich; wo für die »Pyramide von Gizeh« ein Standbild ausreicht, ist für das »Einfahren der neuen Brücke über die Limmat in Zürich« schon der Film nötig. Lehrer müssen sich also vergewissern, welche Struktur der Lerninhalt aufweist und ob diese ein besonderes Mittel erforderlich macht.

Im Rahmen lernzielorientierter Unterrichtsplanung ist auf die sogenannten »Taxonomien« von Lernzielen zurückgegriffen worden, und das könnte sich auch hier vorteilhaft auswirken. Zum einen wird grob unterschieden, ob es sich bei den Lerninhalten, um das, was zu lernen ist, um *Wissen*, um *Können* oder um *Einstellungen* handelt. Bei Können z. B. wird das bloße »vor-die-Sinne-führen«, wobei Schüler nur rezeptiv tätig sind, wohl nicht ausreichen, es wird stets ein Tun notwendig sein, was Mittel voraussetzt, die eben ein Tun auslösen können. Doch wird dies noch recht einfach einzusehen sein und vom Lehrer bemerkt werden. Als schwieriger in der Alltagspraxis erweist es sich, recht genaue Vorstellungen von dem zu gewinnen, was gelernt werden soll, von der Sache; und Kenntnis der Sache ist nötig, um die Validität von Anschauungsmitteln entscheiden zu können.

────── **Aufgabe** ──────────────────────────────
Für das Thema »Applikation als Mittel bei Pflege, Instandhaltung, Instandsetzung von Textilien« im Fach »Textiles Werken« entwickelten Studentinnen folgendes »Verlaufsmedium«, nachdem sie sich für ein »Herz« als Applikation auf eine Stofftasche entschieden hatten (siehe Abb. auf S. 103).

Hier ist nur eine Abbildung des tatsächlichen Anschauungsmittels wiedergegeben; in Wirklichkeit handelte es sich um acht Teile, die aus Stoffen usw. hergestellt waren, die dann in der wiedergegebenen Reihenfolge an die Wandtafel geheftet waren. Die Studentinnen hatten erkannt, daß der Lerninhalt eine Tätigkeit ist, die in sich wiederum einzelne unterscheidbare Teiltätigkeiten aufweist. Sie entschieden sich dementsprechend für ein sogenanntes »Verlaufsmedium«. Dessen einzelne Schritte ergaben sich aus den erkannten Teiltätigkeiten. Diese wiederum wurden so genau wie möglich analysiert und die jeweils erforderlichen Informationen an den Phasenmedien verdeutlicht. Mir scheint hier eine typische von der Struktur des gemeinten Lerninhalts, der Sache her getroffene Entscheidung für ein bestimmtes Anschauungsmittel vorzuliegen.

1. Arbeitsschritt
Rauhe Seite vom Vlies auf Rückseite vom Entwurf stecken und nachzeichnen

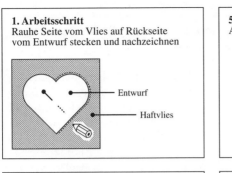

2. Arbeitsschritt
Zuschneiden vom Vlies

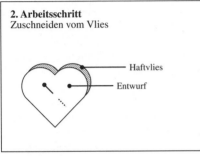

3. Arbeitsschritt
Einzeichnen des Fadenkreuzes auf Vlies (Vlies auf Grundstoff legen)

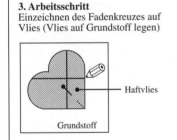

4. Arbeitsschritt
Haftvlies auf Rückseite von Applikationsstoff fadenkreuzgerecht stecken und bügeln

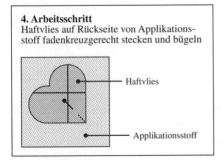

5. Arbeitsschritt
Applikationsstoff ausschneiden

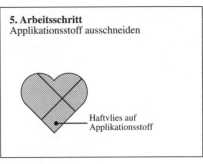

6. Arbeitsschritt
Haftvlies abziehen

7. Arbeitsschritt
Applikationsstoff auf den Grundstoff fadenkreuzgerecht stecken und bügeln

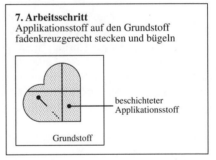

8. Arbeitsschritt
Applikationsstoff mit Zickzackstichen fest nähen

(Autoren: A. BAMBEK; U. REICHARDT; B. ZINK, Pädagogische Hochschule Weingarten, WS 1983/84)

---------- **Aufgabe** ----------
Vollziehen Sie bitte die am Lerninhalt ansetzenden analytischen Schritte nach, die zu diesem »Verlaufsmedium« geführt haben!

Wenn Sie jemals gelernt haben, nach lernzielorientierter Konzeption Unterricht zu planen, dann wissen Sie, was hier geschieht: Es wird die »*materiale*« Komponente des Lernziels so genau wie möglich analysiert, um Hinweise für notwendige oder wünschenswerte Entscheidungen über Anschauungsmittel zu bekommen. In unserem Beispiel hieß das Lernziel (in Grobziel-Formulierung): »Die Schüler sollen am Beispiel eines *Stoffherzens als Verzierung für eine Umhängetasche die Applikation als ein Mittel für die Instandsetzung* kennenlernen.« Die Studentinnen haben dann die »materiale« Komponente analysiert (vgl. *Kursiv-Text!*). Als isomorph erwies sich für sie ein Mittel, das den Verlauf der Arbeit, deren Phasen wiedergeben konnte. Um Validität bemühten sie sich insgesamt und für jeden einzelnen Schritt. Die Abbildung gibt den tatsächlichen Anschauungswert des Verlaufsmediums nur andeutungsweise wieder.

Zu einer validen Veranschaulichung kann es nur kommen, wenn die Sache völlig klar ist. In Abwandlung einer Forderung von R. F. MAGER kann man sagen: »Nur wer weiß, was es zu veranschaulichen gilt, kann das rechte Mittel zur Veranschaulichung einsetzen!« Wenn ein Lehrer beispielsweise nicht weiß, was ein Atom ist – wer weiß das schon!? –, das von Lehrmittelfirmen zur Verfügung gestellte Modell aber für eine getreue Abbildung des Atoms hält, dann wird er auch in den Schülern entsprechende und mithin falsche Vorstellungen entwickeln helfen, weil er für ein valides Anschauungsmittel hält, was im Grunde genommen nicht valide ist. D. h. es bringt nicht die Realität valide zur Anschauung, so benutzt es der Lehrer aber, wohl aber die bisher von Menschen entwickelte Auffassung über das Atom. Mit anderen Worten: Kein Lehrer kann ein Anschauungsmittel so auswählen, daß es valide ist, die gemeinte Sache adäquat anschaulich macht, solange er nicht selbst weiß, »was Sache ist«!

Als drittes gilt es, den besonderen Lernstand von Schülern ins Auge zu fassen, was ein zweifaches meint:
- *Erstens* den besonderen Kenntnisstand gerade dieser Schüler bei diesem Lerninhalt.
- *Zweitens* die besondere Fähigkeit gerade dieser Schüler im Umgang mit Anschauungsmitteln.

Wir greifen zunächst auf eine Erkenntnis zurück, die H. DÜKER aus einer Untersuchung zog. Er ließ über ein- und dasselbe Thema »Fischotter« unter Einsatz verschiedener Anschauungsmittel unterrichten und kam zu dem Ergebnis, daß der Einsatz von besonderen Mitteln – hier: Skelett eines Fischotters – gegenüber dem verbal ausgerichteten Unterricht eine Steigerung der Lernleistung um 38 Prozent erbrachte. Seine Schlußfolgerung (1971, S. 140): »Die Gründe für die günstige Wirkung der Veranschaulichung sind leicht zu erkennen. Gegenstände und Ereignisse werden um so besser erinnert, je klarer die Vorstellungen sind, die wir von ihnen besitzen. Die klarsten Vorstellungen aber liefert uns die Wahrnehmung (Anschauung). Die Eindeutigkeit und Klarheit der Wahrnehmung wird durch keine Beschreibung erreicht. Denn das Verständnis der Beschreibung eines bisher unbekannten Gegenstandes oder Ereignisses setzt beim Hörer Vorkenntnisse voraus, auf die sich die Beschreibung stützt. Sind diese lückenhaft, so vermag sich der Hörer von dem beschriebenen Gegenstand keine deutliche Vorstellung zu machen, er kommt daher zu keinem klaren Verständnis. Dies ist um so mehr der Fall, je weniger Vorkenntnisse bei dem Hörer vorhanden sind, was in hohem Maß bei Kindern und Jugendlichen zutrifft.«

Was DÜKER hier speziell über die Lernwirksamkeit von Sprache aussagt, gilt generell:
– Was die Vorkenntnisse betrifft, können Schüler nur Kenntnisse erwerben, wenn diese auf Vorkenntnissen aufbauen. Eine Treppe im luftleeren Raum zu beginnen, ist nicht möglich, eine Stufe baut auf der anderen auf.
– Was den Umgang mit Mitteln betrifft, so können Sekundärerfahrungen auslösende Anschauungsmittel erst eingesetzt werden, wenn inhaltlich entsprechende Primärerfahrungen schon gemacht wurden.

Wer beispielsweise Schülern den schwarzen Glanz von Onyx auf bloß sprachliche Art verdeutlichen will, setzt voraus, daß diese schon Erfahrungen mit der Farbe Schwarz haben und vorhandene Vorstellungen aktivieren können. Auch hier bietet sich der »Kegel der Erfahrung« als Hilfe an: Seine elf Bänder ordnen Mittel nach ihrer konkretisierenden bzw. abstrahierenden Form-Qualität. Wenn man weiß, welchem Band das vorgesehene Anschauungsmittel zuzuordnen ist, bleibt die Frage, ob die Schüler bereits ohne Schwierigkeiten auf diesem Band angesiedelte Lernsituationen meistern können, d. h. ob sie Erfahrungen der jeweils darunter liegenden Bänder gemacht haben. Es kann sich herausstellen, daß – gemessen am Lernstand gerade dieser Schüler – der Einsatz von Mitteln oberer Stufen des Kegels verfrüht ist. (Blättern Sie unbedingt zum »Kegel« zurück, wenn Sie ihn jetzt nicht mehr erinnern können! S. 65!).

Wenn wir PIAGET folgen, dann ist hier nicht nur der Kenntnisstand maßgeblich, sondern auch und vor allem der allgemeine Entwicklungsstand von Schülern, wobei deren Fähigkeit zur Erkenntnis und Informationsgewinnung besondere Bedeutung zukommt. Er unterscheidet eine aufsteigende Reihe: zunächst können Kinder Erkenntnisse bloß im handelnden Umgang mit Dingen erwerben, das ist die Phase der »konkreten Operationen«; es folgen die Phasen der »symbolischen« und der »abstrakten« Operationen (vgl. J. PIAGET, 1976). Begreifen, Lernen ist immer an den schon erreichten Stand gebunden, wobei aber die unteren Niveaus nicht aufgegeben, sondern mit allen erreichten kumulativ zusammenwirken. Wer auf Grund von Symbolen begreifen kann, kann es auch immer an Handlungen. Im Anschluß vor allem auch an die von BRUNER vorgenommene Verarbeitung von PIAGETs Gedanken unterscheidet man grob (vgl. J. S. BRUNER, 1966):

- eine enaktive Lernphase, wo Anschauung durch unmittelbaren Umgang mit Dingen geschehen muß;
- eine ikonische Lernphase, wo Anschauung durch bildhafte, stellvertretende Mittel geschehen kann;
- eine symbolische Lernphase, wo Anschauung durch abstrakte Symbole erfolgen kann.

Unschwer erkennt man hier die Dreigliederung des »Kegels der Erfahrung« wieder: Anschauungen schaffen Lernsituationen mit vorwiegendem *Tun*, vorwiegender *Beobachtung* oder vorwiegender *Versinnbildlichung*. Faßt man den Kegel mit seinen elf Bändern – und das ist berechtigt – kumulativ auf, dann kumuliert die Fähigkeit im Umgang mit Mitteln von »unten nach oben«, d. h. wer mit bestimmten stufen-, bandspezifischen Mitteln lernen kann, kann dies immer auch mit den darunter zugeordneten. Die Fähigkeit zum Begreifen bloß mit abstrahierenden Mitteln entsteht nach und nach, wird stärker und beinhaltet die Fähigkeit zum Begreifen an Hand aller anderen Mittel.

Daß über den inhaltlichen Lernstand und den allgemeinen Entwicklungsstand hinaus bei der Auswahl von Anschauungsmitteln für eine valide Veranschaulichung auch Besonderheiten auf seiten der Schüler berücksichtigt werden müssen, wie Sinnesfähigkeit (Sehen – Blindheit, Farbblindheit; Hören – Taubheit usw.) versteht sich von selbst. Aber nicht unterschätzen sollte man auch die Fähigkeit im *Umgang mit Anschauungsmitteln*. Eine im Umgang mit Filmen geschulte Klasse z. B. wird bei Filmeinsatz die veranschaulichte Sache ganz anders sehen als eine Klasse, der Filme willkommene Gelegenheiten zu Entspannung und Abschalten sind. Fähigkeit im Umgang mit bestimmten Mitteln, verbunden mit einer gewissen Einstellung zu ihnen, sind Momente, die Lehrer nicht unbeachtet lassen dürfen.

Wer feststellen will, ob ein Anschauungsmittel isomorph und valide in einer bestimmten Unterrichtssituation sein kann, der muß:
- *erstens* das Mittel hinsichtlich seiner eigenen Strukturgesetzlichkeit kennen und wissen, wie sich seine Form-Qualität auf die veranschaulichte Sache auswirkt;
- *zweitens* den Lerninhalt hinsichtlich der gemeinten Sache kennen und wissen, welche Bedingungen an das veranschaulichende Mittel gestellt werden;
- *drittens* die Schüler hinsichtlich ihres besonderen Kenntnisstandes und ihrer Fähigkeit im Umgang mit Medien kennen und wissen, welche Art von Mitteln ihnen zugemutet bzw. abverlangt werden kann.

Aufgabe

Welches Anschauungsmittel kann Ihrer Auffassung nach in einem 3. Schuljahr einer norddeutschen Schule den »Weinanbau am Kaiserstuhl« isomorph und valide veranschaulichen?

3.4.4 Zusammenfassung

An anderer Stelle wurde bereits der Zusammenhang von Begreifen und Anschauung durchleuchtet. Anschauung erwies sich für das Begreifen als unabdingbares Moment; Begreifen ohne Anschauung ist nicht möglich. Anschauung ist aber nicht immer unmittelbare Wahrnehmung von Dingen, Vorgängen usw., sondern kann durch Rückgriff auf frühere solcher Wahrnehmungen auch mittelbarer Art sein, also durch Mittel geleistet werden.

Nach Lektüre dieses Kapitels sollten Sie nunmehr wissen, begriffen haben:
- *Erstens,* daß Anschauungsmittel im Unterricht Lerninhalte vergegenständlichen und dadurch Begreifen auch erleichtern bzw. erschweren können.
- *Zweitens,* daß sie die Vergegenständlichung auf unterschiedliche Weise tun, wobei sich ihre eigene Strukturgesetzlichkeit, ihre Form-Qualität auf die Vergegenständlichung auswirkt.
- *Drittens,* daß Anschauungsmittel die Vergegenständlichung isomorph und valide leisten müssen.
- *Viertens,* daß Isomorphie und Validität mit Blick auf die vorgesehenen Mittel, die intendierten Lerninhalte und betroffenen Schüler festzustellen sind.

3.5 Förderung des Behaltens durch Anschauung

Lernen und *Behalten* gehören zusammen; Lernen ist immer auf Behalten ausgerichtet. Behalten meint, was in der von uns verwendeten Lernformel als »dauerhafte Veränderung« angesprochen wird. Allerdings ist Behalten nicht schon für sich Zweck, sondern erst zusammen mit der *Erinnerung* und *Reproduktion.* Ebenso ist Zweck des Lernens nicht bloß die dispositionelle Veränderung des Lernenden, sondern sein tatsächliches Verhalten. Von allen unterrichtlichen Maßnahmen, Lernvorgänge so zu gestalten, daß behalten und reproduziert werden kann, was gelernt wird bzw. werden soll, sind die auf Anschauung bezogenen besonders bedeutsam. Man kann sagen, daß der Grad des Behaltens von der Art der verwendeten Anschauung abhängig ist. Dem Lehrer stellt sich somit die ständige Aufgabe, über die Art der Anschauung zu entscheiden, und zwar derartig, daß die gewählte Anschauung dem Behalten so förderlich wie nur möglich ist. Entsprechend unserer bisherigen Erörterung heißt das, über die Art von Mitteln zu entscheiden, die Anschauung schaffen sollen. Wie hängen Behalten und Anschauungsmittel strukturell zusammen?

3.5.1 Anschauungsmittel und Behalten

Beginnen wir wieder mit einem

––––––– **Beispiel** –––

In einem 3. Schuljahr behandelt der Lehrer das Thema »Vom Laich zum Frosch«. Die Schüler sollen lernen, »wie sich der Frosch entwickelt«, die Stadien »Laich«, »Kaulquappe«, »Frosch« mit ihren unterschiedlichen Erscheinungsstadien kennenlernen. Er hat dazu vor Beginn der Unterrichtsstunde, am Nachmittag vorher, an der aufklappbaren Seitentafel ein farbiges Bild gemalt (vgl. Skizze unten) und enthüllt es durch Aufklappen der Tafel zu Beginn der Unterrichtsstunde. Während der Stunde kommt man im Gespräch, bei Fragen, bei der Lehrerinformation in Form eines in kurze Phasen aufgeteilten Vortrags immer wieder auf dieses Tafelbild zurück; der Lehrer erwähnt es, zeigt auf bestimmte Ausschnitte, die Schüler gehen an die Tafel, zeigen bestimmte Punkte, erklären und fragen usw.

Abb. 8: Wie sich der Frosch entwickelt: a eben abgelegter, b älterer Froschlaich; in der Gallerthülle schwimmen die Keimlinge; c frisch ausgeschlüpfte Kaulquappen mit äußeren Kiemen; e ohne äußere Kiemen; f die Hinterbeine haben sich entwickelt; g auch die Vorderbeine sind hervorgesproßt; h junger Frosch mit Schwanzstummel; i junger, fertiger Frosch.
(Zit. nach: H. GARMS, Lebendige Welt, Braunschweig 1963, S. II/33)

Das hier verwendete Anschauungsmittel ist ein Bild, und zwar wird es in Form eines »Verlaufsmediums« eingesetzt, das die verschiedenen Stadien der zu lernenden Sache – Entwicklungsstadien des Frosches – veranschaulicht. Was leistet nun dieses Anschauungsmittel für das Behalten? Wenn wir zunächst noch einmal auf die bereits früher erläuterten Funktionen von Anschauungsmitteln zurückkommen, so läßt sich anführen:

- Das Bild ist für die Schüler wahrscheinlich *attraktiv*, regt ihr Lerninteresse an und lenkt es auf die Entwicklungstadien des Frosches, denn es weist *eindeutigen* Bezug darauf auf.
- Das Bild ist in seiner verwendeten Form, Verlaufsmedium, *isomorph* mit dem Lerninhalt, den Entwicklungsstadien des Frosches, und bringt diesen *valide* zur Veranschaulichung, so daß die Schüler des 3. Schuljahres ihn begreifen können.

Und dies sollte eigentlich auch zum Behalten der Sache führen, also den besonderen Lernvorgang erfolgreich abschließen. Was aber bewirkt das Bild, so daß es zum Behalten kommt?

---- **Aufgabe** ----
Versuchen Sie bitte, eine Antwort auf die obige Frage zu geben (am Beispiel)!

Aus Erfahrung mit Studierenden und Lehrern nehme ich an, daß Sie wahrscheinlich folgende und ähnliche Aspekte aufgegriffen und angeführt haben:
- Das Bild bietet den Sachverhalt übersichtlich dar, so daß er gut erkannt werden kann und behalten wird.
- Das Bild stellt den Sachverhalt, der begriffen werden soll, strukturiert und somit einprägsam dar.
- Das Bild macht den Sachverhalt für die Schüler leicht faßlich.

Sie haben mit solchen Antworten Momente angesprochen, die im vorliegenden Fall sicherlich den Lernerfolg und das Behalten fördern: die übersichtliche Darbietung, die strukturierte Darstellung, die Faßbarkeit der Froschentwicklung durch das Verlaufsmedium. Die Gedächtnisforschung hat seit langem nachweisen können, daß in der Tat gut behalten wird, was *übersichtlich, strukturiert* und *faßlich* dargeboten wird. Dies wird durch Anschauungsmittel geleistet. In diesem Beispiel leistet gerade dieses Bild das. Aber sind wir damit schon beim Kern unseres Problems angelangt!?
Überlegen Sie bitte, ob die folgende Frage nicht mit »ja« beantwortet werden muß:
- Ist nicht alles, was in den Antworten aufgeführt wurde, eigentlich eine Frage der *Validität* und *Isomorphie* von Anschauungsmitteln?

Wenn der intendierte Lerninhalt valide veranschaulicht wird, dann muß er doch wohl übersichtlich und faßlich sein; wenn das Anschauungsmittel isomorph mit dem Lerninhalt ist, dann muß doch wohl dessen Sachstruktur auch durch das Mittel veranschaulicht werden, die Sache also strukturiert wahrnehmbar sein! Oder!?
Es steht außer Frage, daß Anschauungsmittel den Lerninhalt übersichtlich, faßlich und strukturiert in den Lernprozeß einbringen müssen, und zwar so gut sie dies auf Grund ihrer Form-Qualität vermögen; fest steht, daß sie auf keinen Fall den vom Lerninhalt her möglichen Grad an Übersichtlichkeit, Faßlichkeit und

Strukturiertheit mindern dürfen. Es dürfen keine Mittel eingesetzt werden, die eine solche Minderung zur Folge hätten, also keine Mittel, die nicht über die im Einzelfall erforderliche Isomorphie und Validität verfügen.
Hinsichtlich des Behaltens leistet das Froschbild aber noch anderes. H. AEBLI, den wir auch weiter vorne schon zitierten, schreibt (1974, S. 13): »Das Gedächtnis speichert die Spuren unserer Konstruktions- und Nach-Konstruktionsakte, nicht die Spuren, welche die Reize oder Empfindungen in unserem Geiste zurücklassen.« Das Froschbild bestimmt das Behalten also gar nicht unmittelbar, seine Merkmale Übersichtlichkeit, Strukturiertheit, Faßlichkeit gehen gar nicht unmittelbar in das Behalten ein. Nicht das Bild nämlich mit seinen Reizen prägt sich dem Gedächtnis ein, wird dort gespeichert, sondern die vom Bild und seinen Reizen ausgelöste konstruktive Tätigkeit der Lernenden führt zu »Spuren«, die gespeichert, die behalten werden.

Und so dürfte ersichtlich werden, was das Froschbild für das Behalten leistet: Es löst eine geistige Aktivität beim Lernenden aus, die darauf gerichtet ist, das in der Auseinandersetzung mit der Sache – hier: Froschentwicklung – Begriffene zu speichern – hier: Begriffe wie »Laich«, »Kaulquappe«, »Frosch«, Vorgänge wie »Laich ablegen«, »Schwanz verlieren«, Folgen einzelner Zustände usw. Solche Aktivität ist unbedingt nötig, damit das in das »sensorische Register« Eingebrachte in das »Kurz-Zeit-Gedächtnis« und von dort in das »Lang-Zeit-Gedächtnis« überführt wird. Konstruktiv ist dies, weil nicht bloß ein Bild oder Abbild zunehmend weiter verinnerlicht wird, sondern weil hier encodiert wird, übersetzt wird in Momente, die das Gedächtnis auf Grund seiner Beschaffenheit speichern und wieder freigeben kann.

Das besondere Froschbild als Anschauungsmittel der Sache »Froschentwicklung« löst eine auf diese Sache bezogene konstruktive Aktivität aus, deren Ergebnis speicher- und abrufbare Spuren sind. Anschauungsmittel bringen also Lerninhalte nicht bloß »vor die Sinne«, ermöglichen nicht bloß dem »sensorischen Register«, Eindrücke, Reize aufzunehmen, sondern lösen vermutlich jene Vorgänge im Lernenden aus, durch die dieser aktiv die Gedächtnisspuren konstruiert. *Anschauungsmittel haben bezüglich des Behaltens von Lerninhalten diese Aufgabe der Auslösung von Gedächtnisaktivität bei dem Lernenden;* sie leisten dies, indem sie Anschauung von der zu lernenden Sache schaffen. Offen bleibt hier ausdrücklich noch, welche Anforderungen solche Mittel selbst zu erfüllen haben.

Greifen wir das Problem noch einmal von einem Bild her auf, das im Zusammenhang häufig gebraucht wird:
– Anschauungsmittel sind kein Tablett, auf dem Lernenden die Lerninhalte hingehalten werden und das wieder zurückgenommen wird, wenn es gelernt ist. Wenn auf einem Tablett Häppchen gereicht werden, so nimmt und verspeist man diese, das Tablett selbst hat mit dem Essensvorgang dann nichts zu tun. Das Tablett beeinflußt nicht die spezifische Verdauungstätigkeit des Speisenden; und es wird schon gar nicht selbst mit aufgenommen und verarbeitet.

– Nicht so hingegen die Anschauungsmittel. Zwar geht es letzten Endes um die von ihnen repräsentierten Inhalte, diese werden in codierter Form gespeichert. Aber das Anschauungsmittel gerät nicht einfach in Vergessenheit; auch darüber bilden Lernende Spuren, die sie speichern. Wer könnte sich nicht z.b. daran erinnern, daß er ein Bild über den Fudjijama durch einen Film gewann!? Und daß Anschauungsmittel sich auf den Behaltensvorgang und sein Ergebnis nachhaltig auswirken, wird im nächsten Abschnitt näher erläutert.

Offensichtlich spielen beim Lernen die Begleitumstände – hier: die Gedächtnisaktivität auslösenden Anschauungsmittel – eine bedeutsame Rolle. Wir müssen an späterer Stelle noch zu erkunden suchen, welche Art von Begleitumständen, sprich: welche besondere Art von Anschauungsmitteln, den Behaltensvorgang besonders fördert.

So ist beispielsweise nach allgemeiner Erfahrung anzunehmen, daß die »Froschentwicklung« vermutlich exakter in den Details und langfristig abrufbarer behalten würde, wenn der Lehrer unseres Beispiels nicht dieses Verlaufsbild eingesetzt hätte bzw. nicht nur, sondern wenn er über längere Zeit hinweg die Schüler den Vorgang im Terrarium o. ä. hätte beobachten und verfolgen lassen. Woran dies liegen kann, das bleibt – wie gesagt – hier noch offen.

Über den strukturellen Zusammenhang von Anschauungsmittel und Behalten sollte jetzt so viel klar geworden sein:
– Anschauungsmittel im Unterricht gehen offensichtlich selbst auch in die Erinnerung ein, so wie letzten Endes alles am Unterrichtsgeschehen Beteiligte mit in die Erinnerung eingeht. Aber sie haben hinsichtlich des Behaltens gewünschter Lerninhalte die Aufgabe, bei den Lernenden eine auf diese Inhalte gerichtete besondere konstruktive Aktivität, Gedächtnisaktivität, auszulösen, durch die es zur Bildung von speicherbaren und reproduzierbaren Spuren kommt. Gemäß den durch die Gedächtnisforschung entwickelten Vorstellungen ist dies ein Vorgang, bei dem erste in das »sensorische Register« eingehende Reize und Empfindungen verschlüsselt in das »Kurz-Zeit-Gedächtnis« und codiert weiter in das »Lang-Zeit-Gedächtnis« geführt werden. Auf jeden Fall ist hier in jedem einzelnen Lernfall eine spezifische Aktivität des Lernenden gefordert.

Aufgabe

Erinnern Sie sich bitte eines prägnanten Beispiels eines Anschauungsmittels und vollziehen daran den hier entwickelten Gedankengang noch einmal für sich nach!

3.5.2 Anschauungsmittel und Aktivität

Schon die Überschrift dieses Abschnittes »Anschauungsmittel *und* Aktivität« deutet an, daß hier von Aktivität anders die Rede sein wird als in den früheren Kapiteln von Attraktivität, Eindeutigkeit, Isormorphie und Validität *von* Anschauungsmitteln. Aktivität soll die Bezeichnung für das didaktische Prinzip sein, nach dem Lehrer Anschauungsmittel hinsichtlich ihrer Bedeutung für gutes Behalten auswählen können. Aber es dürfte im vorhergehenden Abschnitt deutlich geworden sein, daß nicht von aktiven Anschauungsmitteln die Rede sein kann, sondern von solchen, die eine besondere Aktivität bewirken, also *aktivierende Anschauungsmittel* gemeint sind. Wie ist dies zu verstehen?

Untersuchungen über den Zusammenhang von Anschauung und Behalten legen nahe, als aktivierende Anschauungsmittel vor allem solche zu begreifen, mit denen Lernende aktiv umgehen können, die sie handhaben können. Dann wäre Aktivität ein beobachtbares Merkmal des Lernvorgangs, als beobachtbarer Umgang von Schülern mit Mitteln.

Greifen wir auf entsprechende Aussagen und Untersuchungen zurück:

A) *L. J. CRONBACH sagt (1963, S. 56):*
»Menschen behalten sehr wenig von dem, was sie sehen und hören, solange sie nicht irgend etwas mit dem Material tun.«

B) *In einer populären Aufbereitung didaktischer und methodischer Ansätze heißt es lapidar (AdA, 1974, S. 13):*
»Der Mensch behält
20 Prozent von dem, was er hört
30 Prozent von dem, was er sieht
50 Prozent von dem, was er hört und sieht
70 Prozent von dem, worüber er redet
90 Prozent von dem, was er selbst tut.«

C) *DÜKER, H./TAUSCH, R.*
Über die Wirkung der Veranschaulichung von Unterrichtsstoffen auf das Behalten, in: K.W. DÖRING (Hrsg.), Lehr- und Lernmittelforschung, Weinheim-Berlin-Basel 1971, S. 117-132.

1. *Versuch zu Auffassen und Behalten (Tab. 1)*
   - Versuche mit 110 Schülern von 5. Schuljahren aus zwei Volksschulen; Alter der Schüler: 10 bis 12 Jahre
   - Gruppen von je 11 Schülern, wobei jeder Schüler für sich an einem Tisch saß (»Laboratoriumssituation«)

2. *Versuch zur Art der Veranschaulichung und Behalten (Tab. 2)*
   - Versuch mit 145 Schülern zwischen 10 bis 12 Jahren aus zwei 5. Schuljahren der Volksschule und aus je einem 5. und 6. Schuljahr von zwei höheren Schulen
   - Einteilung in Gruppen (15) zu je 9 bis 12 Schülern

Tabelle 1

Versuchsgruppen (5)	Kontrollgruppen (5)
1. Schilderung der körperlichen Beschaffenheit, der Lebensweise und der Verhaltensgewohnheiten der »Küchenschabe« und der »Wasserwanze« durch die Lautsprecherübertragung eines vorbereiteten Tonbandtextes.	
2. Zusätzlich erhielt jeder Schüler vor der Darbietung ein 8 x 6 cm großes Holzbrett, auf dem 1 »Küchenschabe« und 1 »Wasserwanze« mit Nadeln befestigt worden waren (Präparate). Weitere Hinweise, Aufgaben u. a. wurden nicht gegeben. Unmittelbar nach Schilderung wurden die Materialien eingesammelt.	—
3. Vorführung des Filmes »Die Stadtmaus und die Feldmaus« (Dauer der Aufführung: 15 Min.)	
4. Fragebogen mit 20 Fragen, wovon die ersten 10 auf die »Küchenschabe«, die restlichen 10 auf die »Wasserwanze« bezogen waren.	
5. Summe der Punkte für richtige Antworten: 425,50 (Mittelwert: 7,74) d. h. 33,2 Prozent verbesserte Auffassung und Behalten gegenüber Kontrollgruppen	Summe der Punkte für richtige Antworten: 319,50 (Mittelwert: 5,88)

Tabelle 2

Kontrollgruppen (4) (KGr)	Gruppen (4) »bildl. Darstellung«	Gruppen (4) »Modell«	Gruppen »realer Gegenstand«
1. Darbietung der Informationen über den Lautsprecher zum Thema »Meerschweinchen«			
2. —	zusätzlich ein Bild in naturgetreuer Größe (Fotoabzug) aufgehängt	zusätzlich ein ausgestopftes Tier auf dem Tisch	zusätzlich ein Tier im Glaskasten
3. Gespräch über Freizeitgestaltung und Bastelarbeiten unmittelbar im Anschluß an Informationen usw.			
4. Nach vier Tagen: Fragebogen mit 20 Fragen, die in 15 Min. beantwortet werden konnten.			
5. —	gegenüber KGr Steigerung des Behaltens um 9,5 %	gegenüber KGr Steigerung des Behaltens um 20 %	gegenüber KGr Steigerung des Behaltens um 40,7 %

Auf diesen Versuch sind wir weiter vorne schon teilweise eingegangen (vgl. S. 80), wollen hier aber noch eine uns jetzt interessante Erläuterung von DÜKER/TAUSCH wiedergeben (S. 130):
»Vergleicht man die Besserleistung der Anschauungsgruppe ›Modell‹ (20 %) mit der Besserleistung der Anschauungsgruppe im ersten Abschnitt dieser

Untersuchung (33,2 %), so fällt der beträchtliche Unterschied auf, obwohl es sich in beiden Fällen um eine Veranschaulichung durch das Modell handelte. Wie ist dieser Unterschied zu erklären? Im ersten Versuchsabschnitt hielten die Kinder der Anschauungsgruppe das Modell (präparierte Insekten) in den Händen; sie hantierten mit dem Modell, berührten es mit den Fingern, drehten es und betrachteten es von allen Seiten. Auf diese Weise konnten sie jede wahrnehmbare Einzelheit, die in der übertragenen Schilderung erwähnt wurde, genau beobachten. Eine so eingehende Beobachtung des Anschauungsmaterials war den Kindern der Anschauungsgruppe ›Modell‹ (im zweiten Versuchsabschnitt) nicht möglich. Sie konnten das präparierte Meerschweinchen, das in einiger – wenn auch geringer – Entfernung vor ihnen stand, nicht von allen Seiten betrachten, nur die nahe am Objekt sitzenden Kinder konnten es betasten. Dieser Vergleich läßt deutlich erkennen, daß es bei der Modell-Veranschaulichung zweckmäßig ist, den Schülern, wenn es die Umstände gestatten, das Anschauungsmaterial in die Hand zu geben.«

D) *MICHAEL hält die Untersuchungsergebnisse von DÜKER/TAUSCH für so zutreffend und verallgemeinerbar, daß er sich zu folgenden Aussagen hinreißen läßt (1983, S. 87):*
»Danach zu urteilen hängt die Lernwirksamkeit nicht allein von der Form der Veranschaulichung ab, sondern auch von der jeweiligen Intensität der Begegnung zwischen Schüler und Anschauungsmittel. Unter der Voraussetzung, daß die Veranschaulichung den Lernintentionen entsprechend gewählt wird, ergibt sich also für das obige Beispiel eine doppelte Rangordnung der Veranschaulichungsmittel hinsichtlich ihrer zunehmenden Lernwirksamkeit:
(1) Sprachliche Darbietung – Bild – Modell – Real-Gegenstand;
(2) Zuhören – Betrachten – Beobachten – Handelnder Umgang.
Fügt man diese beiden Skalen so zusammen, daß sie die Koordinaten eines Feldes bilden und teilt jedem Rang einen entsprechenden Intensitätsfaktor (von 1 bis 4) zu, so läßt sich überzeugend demonstrieren, in welchem Maße sich beide verstärken können, indem man z. B. ›Intensitätsprodukte‹ bildet:«

	1 Erzählung	2 Bild	3 Modell	4 Real-Gegenstand
1 Zuhören	1	—	—	4
2 Betrachten	—	4	6	8
3 Beobachten	—	6	9	12
4 Handelnder Umgang	—	—	12	16

─── **Aufgabe** ───────────────────────────────
Selbst wenn es sich nur um Trends handeln sollte, die MICHAEL zur Darstellung bringt, folgen Sie ihm dabei?

───

Möglicherweise zieht MICHAEL seine Schlüsse zu Recht und – das geht uns jetzt bei unserer Erörterung von Aktivität und Anschauungsmitteln an – der auch äußerliche handelnde Umgang bedeutet größte »Lernwirksamkeit«, gemessen am feststellbaren Behalten. Und er erklärt es mit der dadurch erzeugten höchsten »Intensität der Begegnung zwischen Schüler und Anschauungsmittel«. Entsprechend unseren Ausführungen würde das bedeuten: Anschauungsmittel, mit denen Schüler »handelnd umgehen« können, bewirken auch höchste »Intensität« ihrer Auseinandersetzung mit Lerninhalten und damit zugleich auch jene Aktivität in höchstem Maße, die als konstruktive Gedächtnistätigkeit zu bestem Behalten führt.

Worauf es für uns hier jetzt ankommt: Die hier gemeinte Aktivität ist nicht nur mit der beobachtbaren Aktivität von Schülern, der Art ihres äußeren Umgangs mit Anschauungsmitteln, identisch, darf nicht mit ihr verwechselt werden. Es gibt eine äußere, physische Aktivität, das ist die Art des unmittelbaren Umgangs von Schülern mit Anschauungsmitteln. Und es gibt eine innere, psychische Aktivität, das ist die Art und Intensität, mit der die konstruktive Gedächtnisleistung vollzogen wird. Möglicherweise bestehen Parallelen und Abhängigkeiten zwischen ihnen; das lassen wir hier noch ein wenig offen.

Um hier nicht zu voreiligen und möglicherweise falschen Schlußfolgerungen beizutragen, soll noch auf das Beispiel der sogenannten »*Stillen im Lande*« hingewiesen werden, die wohl jeder Lehrer kennt. Das sind Schüler, die sich – oberflächlich betrachtet – überhaupt nicht am Unterricht zu beteiligen scheinen, von denen man aber bei Überprüfung ihrer Leistungen immer wieder erstaunt feststellt, daß sie hohe Lernleistungen nachweisen können. D. h. sie haben gelernt, sogar äußerst erfolgreich, ohne sich sichtbar um Lernen zu bemühen. In der psychologischen Sprache sind dies die vorwiegend *rezeptiv* Lernenden, im Unterschied zu den stets auch beobachtbaren *aktiv* Lernenden. Aber *rezeptiv* meint nicht *passiv*. Wer nach außen hin bloß aufnehmend erscheint, kann gleichzeitig höchste geistige Lernaktivität entfalten. Worauf es für das Behalten letztlich ankommt, ist die innere geistige Gedächtnistätigkeit. Wenn in der Regel – und Ausnahmen bestätigen diese ja bekanntlich – physische eine gute Bedingung für psychische Aktivität wäre, dann käme es darauf an, durch Anschauungsmittel über physische die psychische Aktivität auszulösen. Ist das aber die Regel?

Bevor wir uns mit der Frage nach den »Bestimmungsmomenten« gedächtnisaktivierender Anschauungsmittel befassen, soll noch einmal unter Rückgriff auf KLATZKYs Modell Einblick in die Behaltensvorgänge und dort vermutete Aktivitäten gegeben werden (R. L. KLATZKY, 1980, S. 7):

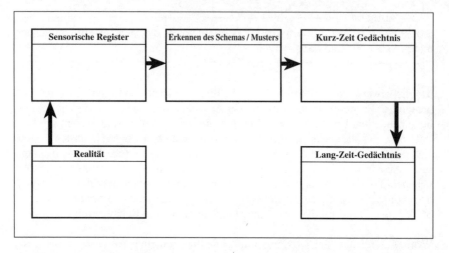

Und KLATZKY beschreibt auch die einzelnen »Komponenten« des Behaltensvorgangs:
- Sensorische Register
 »Das Modell des menschlichen Gedächtnisses ... schließt als eine Art Komponente Sensorische Register ein, in denen eingehende Informationen für kurze Zeit in wahrheitsgetreuer Form – das ist die getreue Reproduktion des originalen Reizes – bewahrt werden können, bevor sie erkannt sind und das System weiter passieren. Es ist anzunehmen, daß solche Register für jeden Sinn bestehen.« (S. 27)
- Schema/Muster Erkennen
 »Wenn man ein Muster erkennt, leitet man Bedeutung aus einer Sinneserfahrung ab. Der Prozeß der Mustererkenntnis ist von grundlegender Bedeutung für menschliches Verhalten, denn es ist Teil des Wechselspiels zwischen der tatsächlichen Welt und dem menschlichen Geist. Damit ein Muster erkannt wird, ... müssen Informationen eines Gedächtnisspeichers, des Sensorischen Registers, zusammengebracht werden mit Informationen eines anderen Gedächtnisspeichers, des Lang-Zeit-Gedächtnisses. Der erste Satz von Informationen stammt von einem Reiz; der zweite Satz ist vorher erworbenes Wissen über diesen Reiz. Beispielsweise ist ein Reiz gegeben, der aus drei Strichen in bestimmter Anordnung besteht (/ \ und –), wir können den Buchstaben A erkennen. In diesem Fall können wir dem Reizereignis ein Etikett zuordnen – ein Wort oder eine Reihe von Worten – (›Der Buchstabe aah‹ kann so ein Etikett sein.) Mustererkenntnis muß nicht immer unbedingt Etikettierung bedeuten, denn wir erkennen oft Muster und können sie nicht benennen. (Z. B. können wir ein Gesicht als ähnlich erkennen oder ein gewisses Lächeln erinnert uns an einen Ort, wo wir es erfahren haben.) In jedem Fall wird eine von den Sinnen eingebrachte Information in Zusammenhang und Beziehung zu dem gebracht, was wir über die Welt schon wissen.« (S. 45)

- Kurz-Zeit-Gedächtnis (KZG)
»Es ist hilfreich, sich das KZG als eine Werkbank in einer Werkstatt vorzustellen, in der ein Zimmermann einen Schrank baut. Alle benötigten Materialien sind ordentlich auf den ringsum angebrachten Wandregalen untergebracht. Diese Materialien, mit denen er augenblicklich arbeitet – Werkzeuge, vorgefertigte Teile usw. – nimmt er von einem Regal und legt sie auf die Bank, behält aber auf der Bank freien Arbeitsraum. Wenn die Bank zu überfrachtet wird, wird er vielleicht das Material ordentlich aufeinander stapeln, so daß wieder mehr auf die Bank paßt. Wenn die Zahl der Stapel zunimmt, fällt vielleicht einiges herunter, oder der Zimmermann bringt es auf die Regale zurück.
Nun, wie unterstützt diese Analogie unsere Kenntnis über das KZG als einem von zwei Speichern in einem Doppelsystem? Wir können die Regale in der Werkstatt als LZG ansehen, als Lager für das umfangreiche Material, das für die Zimmermannsarbeit verfügbar ist. Die Werkbank – unterteilt in den Arbeitsplatz des Zimmermanns und eine begrenzte Lagerkapazität – ist das KZG. Die Aktionen des Zimmermanns gleichen dem, was im KZG vor sich geht...« (S. 88)
(Verf.:
  – Stapeln ist Zusammenfassung mehrerer Informationen;
  – herabfallende Materialien entsprechen dem Vergessen;
  – Materialien von den Regalen zu holen und sie zurückzubringen, bedeutet den Transfer von Informationen vom/zum LZG).
- Lang-Zeit-Gedächtnis (LZG)
»Das Lang-Zeit-Gedächtnis ... speichert unser Wissen über die Welt. Es ist das im LZG gespeicherte Material, das uns ermöglicht, Ereignisse in Erinnerung zu rufen, Probleme zu lösen, Muster zu erkennen; kurz, zu denken. Alles dem menschlichen Erkennen unterliegende Wissen ist im LZG gespeichert.« (S. 177)
»Um sich an Informationen zu erinnern, geschieht dreierlei. Erstens wird die Information codiert und so für das Gedächtnis präpariert. Zweitens wird die codierte Information gespeichert. Letztlich wird die Information aus den Erinnerungsspeichern wieder abgerufen. ... diese drei Momente der Erinnerung stehen in wechselseitiger Abhängigkeit.« (S. 217)

Wenn wir zur Erhellung des didaktischen Problems von *Aktivität* sprechen, die Anschauungsmittel auslösen müssen, dann ist nicht der beobachtbare Umgang mit den Anschauungsmitteln, ihre Handhabung durch Lernende gemeint, sondern diese oben in KLATZKYs Aussagen sichtbar werdende geistige Anstrengung des einzelnen Lernenden:
- die Aufnahme von Reizen in das »sensorische Register«, ihre kurzzeitige Aufbewahrung;
- das Erkennen von Mustern durch Vergleich des Reizeindrucks mit bekannten Vorstellungen und u. U. ihre Etikettierung;

- die Ordnung, Zusammenfassung, Ausscheidung von Informationen im Kurz-Zeit-Gedächtnis;
- die Encodierung der Information, ihr Transfer in das Lang-Zeit-Gedächtnis und dort ihre Verknüpfung und Speicherung bis zur Abrufung.

Diese Gedächtnisaktivitäten gilt es in jedem Lernvorgang anzuregen und auszulösen; und es kommt darauf an, Anschauungsmittel auszuwählen, die dies je am besten vermögen. Denn daß sie dies grundsätzlich können, ist wohl daran erkennbar geworden, daß unterschiedliche Mittel zu unterschiedlichen Behaltensergebnissen führen, wie die Untersuchungen zeigen. Würden sie gar keinen Einfluß haben, hätte man Unterschiede auch nicht feststellen können.

3.5.3 Bestimmungsmomente aktivierender Anschauungsmittel

Welches sind die bestimmenden Momente von Anschauungsmitteln, die sich derartig aktivierend auf den Gedächtnisvorgang auswirken, daß es auch tatsächlich zur Speicherung von Informationen kommt? Wie müssen Anschauungsmittel beschaffen sein und wonach sind sie auszuwählen, die nicht bloß die Lerninhalte *vor* die Sinne führen, sondern sie durch die Sinne aufnehmen und konstruktiv verarbeiten lassen? Unter welchen Umständen wirken sich Anschauungsmittel derartig aktivierend aus?

Rufen wir uns noch einmal die Voraussetzungen in Erinnerung, die wir bei dem Versuch einer Beantwortung dieser Fragen machen:
- Es sind im Unterricht Anschauungs*mittel,* die Schülern das zu Lernende, die Lerninhalte, vor die Sinne führen und auf diese Weise zuallererst erkennbar machen.
- Es sind Anschauungsmittel, die darüber hinaus auch jene besondere Aktivierung des menschlichen Geistes mitbewirken, durch die es zu dauerhaftem Behalten des Erlernten kommt. Dies deuten gezielte Untersuchungen über den Zusammenhang von Behalten und Anschauungsmittel an.

Und aus eben solchen Untersuchungen und ihren Befunden schließt MICHAEL auf zwei Komplexe, die seiner Auffassung nach das Behalten beeinflussen:
- einerseits die Art des Mittels,
- andererseits der Umgang mit den Mitteln.

In der Tat muß die »Art des Mittels«, d. h. seine Strukturgesetzlichkeit, seine Form-Qualität – wie wir diese schon früher bezeichneten – entscheidenden Einfluß auf das Behalten der von ihm repräsentierten Sache haben. Hier kann an die inzwischen offensichtlich verallgemeinerbaren Ergebnisse der Gedächtnisforschung angeschlossen werden, um festzustellen, welche Forderungen an das Mittel, an seine Eigenstruktur zu stellen sind, damit es behaltensfördernd wirkt. Auf keinen

Fall dürfen Mittel so beschaffen sein, daß sie die Repräsentation von Inhalten entgegen den Einsichten der Gedächtnisforschung vornehmen. D. h. vor allem,
- daß die Inhalte *strukturiert* vor die Sinne geführt werden müssen,
- daß sie für Lernende *sinnvoll* und *bedeutungsvoll* dargeboten werden müssen,
- daß sie *wiederholt* vorgestellt werden müssen.*
- Vieles zu *Isomorphie* und *Validität* der Repräsentation durch Anschauungsmittel Gesagte gilt auch hier.

Vor allem aber ist es die Abstraktions- bzw. Konkretionstendenz von Mitteln, die es zu beachten gilt. Die von MICHAEL versuchte Reihung: »Erzählung« – »Bild« – »Modell« – »Real-Gegenstand« weist, in dieser Reihenfolge gelesen, eine Konkretionstendenz auf, so wie sie besonders auch DALE in seinem »Kegel der Erfahrung« aufgreift bzw. herausstellt. Dabei ist aber offenbar nicht solche Tendenz – zu Abstraktion bzw. Konkretion – für sich schon ein wirksames Moment von Anschauungsmitteln für das Behalten. Vielmehr muß eine davon abhängige Möglichkeit des Umgangs von Lernenden mit ihnen als das bestimmende Moment begriffen werden. In den Versuchen, auf deren Auswertung MICHAEL zurückgreift, ist mit der »Erzählung« bloß »hörend«, mit dem »Modell« teils »betrachtend«, teils »beobachtend« und teils »handelnd« umgegangen worden. Von der Art des Umgangs dann, so wird vermutet, hängt das Behalten ab. Wir bleiben noch bei dem Anschauungsmittel selbst und seiner in ihm angelegten Möglichkeit, mit ihm umzugehen. Von sich aus sind nur wenige Mittel so beschaffen, daß nur eine bestimmte Art des Umgangs mit ihnen möglich ist. In den Versuchen beispielsweise ist das »Modell« in unterschiedlicher Weise verwendet worden; es wurde »betrachtet«, und das ist eine Art von Umgang mit dem Mittel, die – so MICHAEL – weniger intensiv ist als die »Beobachtung«, die ihrerseits an Intensität noch übertroffen wird durch das »Handeln« (bei DÜKER/ TAUSCH ein Betasten, Drehen, Darüber-reden etc.).

Festzuhalten bleibt, was die *Anschauungsmittel* betrifft,
● sie enthalten von ihrer Struktur her in der Regel verschiedene Möglichkeiten, sich lernend mit ihnen zu befassen, mit ihnen umzugehen

―――― **Aufgabe** ――――

Welche Möglichkeiten des »Umgangs« bietet Ihrer Meinung nach
a) ein farbiges Luftfoto,
b) ein Schwarz-Weiß-Film des Tafelbergs in Kapstadt/Südafrika?

―――

* Vgl. hierzu bes. K. FOPPA, Lernen, Gedächtnis, Behalten, Köln u. Oplanden 1965; K. ODENBACH, Die Übung im Unterricht, 4. erw. Aufl., Braunschweig 1967; M. BÖNSCH, Wie sichere ich Ergebnis und Erfolg in meinem Unterricht?, Essen 1967; DERS., Üben und Wiederholen im Unterricht, 2. erw. und akt. Aufl., München, 1993; W. POTTHOFF, Erfolgssicherung im Unterricht, Freiburg 1981; G. EISENHUT/J. HEIGL/H. ZÖPFL, Üben und Anwenden, Bad Heilbrunn 1981.

Festzuhalten bleibt, was die *spezifische Wirkung von Anschauungsmitteln* betrifft,
- daß entsprechend der tatsächlich durch sie ausgelösten Intensität des Umgangs das Behalten gefördert wird.

---- **Aufgabe** ----

Wie erklären DÜKER/TAUSCH die unterschiedliche Wirkung ihres Anschauungsmittels »Modell« in den beiden angestellten Versuchen?

Intensität des Umgangs mit dem Anschauungsmittel und damit auch Intensität der Auseinandersetzung mit den durch sie repräsentierten Lerninhalten beeinflußt nachhaltig das Behalten, so können wir sagen; und solche Intensität des Umgangs hängt wesentlich von der Struktur des Anschauungsmittels ab, davon, welchen Umgang es mit sich zuläßt. Der »Kegel der Erfahrung« nach DALE gibt hier wieder einen einprägsamen Überblick: Da sind im unteren Teil die Mittel geordnet, die ein *Tun*, im mittleren jene, die eine *Beobachtung*, und im oberen jene, die bloß eine *Versinnbildlichung* ermöglichen. Wir finden dort eine von unten nach oben abnehmende Intensität des Umgangs. Intensität erweist sich hier auch als Umgang mit allen, vielen oder wenigen Sinnen. Bei »direkten, zweckvollen Erfahrungen« können alle menschlichen Sinne aktiviert werden, »verbale Symbole« hingegen lassen nur noch den Gehörsinn zu.

DALE selber rät denn auch den Lehrern, »sich zu erinnern, daß Kinder Augen, Ohren, Nasen und Muskeln haben – und daß sie stets eifrig darauf bedacht sind, sie auch zu gebrauchen.« Und er empfiehlt, »eine große Auswahl an Material zu nutzen, das sich stark an die Sinne des Kindes wendet, – Dinge, die es sehen, hören, schmecken und betasten kann; Situationen, in denen es etwas machen kann, handeln kann, versuchen kann.« (S. 74 bzw. S. 75)

---- **Aufgabe** ----

Wie würden Sie dieser Empfehlung entsprechen wollen, wenn Sie im Deutschunterricht eines 4. Schuljahrs die Fabel vom »Fuchs und den sauren Trauben« behandeln!?

Lehrer sollten also Anschauungsmittel im Hinblick auf ihre behaltensfördernde Wirkung danach auswählen, welche mögliche Intensität der Umgang von Schülern mit diesen Mitteln haben kann. Bisher haben wir hierzu bloß die Mittel betrachtet und darauf hingewiesen, daß diese von sich aus – auf Grund ihrer Strukturgesetzlichkeit – die mögliche Intensität bestimmen. Aber die Mittelbeschaffenheit ist nicht das einzige Bestimmungsmoment.

Wie mit dem Anschauungsmittel auch tatsächlich umgegangen wird, hängt wesentlich von der *Fähigkeit der Lernenden zu entsprechendem Umgang* ab. Im Extremfall ist dies leicht einzusehen, z. B. bei körperlichen und geistigen Behinderungen, die den Behinderten bestimmte Formen und damit auch gewisse Intensität des Umgangs verwehren. Und die – bereits früher aufgegriffene – Auffassung PIAGETs über die Entwicklung operationaler Fähigkeiten des Menschen im Gebrauch seiner Intelligenz, der Informationsverarbeitung usw. verweist darauf, daß wohl auch die Entwicklung von Lernenden, ihr *Entwicklungsstand,* den tatsächlichen Umgang mit Anschauungsmitteln nachhaltig bestimmt. Solange beispielsweise Lernende sich noch im Stadium der »konkreten Operationen« befinden, werden sie auch nur speichern können, was sie durch konkret orientierte Operationen begreifen können, was sie also durch handelnden Umgang mit konkretem Material erwerben können, wo hingegen der Einsatz von symbolischen Mitteln ihre Fähigkeiten weit überstiege, sie weder begreifen noch behalten ließe (vgl. S. 105).

Neben persönlichkeitsspezifischen Merkmalen und entwicklungsabhängigen Fähigkeiten muß aber auch noch der *durch – vorhergegangenes – Lernen erreichte Stand im Umgang mit Anschauungsmitteln* in Betracht gezogen werden. Bereits im Zusammenhang der Erörterung der Begreifensfähigkeit und der Bedeutung von Isomorphie und Validität von Anschauungsmitteln dafür wurde deutlich, daß im Falle des einzelnen Lernenden und auch der Klasse von Schülern deren Lernstand – hier: im Umgang mit Anschauungsmitteln – bedeutsam ist. Bei KLATZKY findet sich dies an zwei Stellen ihres Gedächtnismodells, dort wo beim »Erkennen von Mustern« und dort wo beim Durchgang durch das »Kurz-Zeit-Gedächtnis« bereits Verbindungen zum »Lang-Zeit-Gedächtnis« aufgenommen werden, wo also bereits langfristig Gespeichertes für die gedächtnismäßige Aufarbeitung neuer Lerninhalte beansprucht wird.

Lehrer müssen demnach immer auch den Stand der Fähigkeit gerade ihrer Schüler im Umgang mit gerade diesen vorgesehenen Anschauungsmitteln – und auch gerade diesen zur Veranschaulichung anstehenden Lerninhalten – berücksichtigen. Auch hier könnte m. E. wieder der »Kegel der Erfahrung« für die didaktische Arbeit des Lehrers eine Rolle spielen und ihm zeigen, auf welchem Band des Kegels seine Kinder gerade diese Sache schon lernen können.

―――― **Aufgabe** ――――――――――――――――――――――――
Sie haben ein 9. Schuljahr im Hauswirtschafts-Unterricht (Kochen). Thema: »Rezept des Grünkohls auf norddeutsche Art«. Welche(s) Anschauungsmittel setzen Sie unter dem Gesichtspunkt des Behaltens (Rezept) ein!?
―――――――――――――――――――――――――――――――――

Gerade diese Aufgabe führt vor Augen, daß nicht immer der »handelnde« Umgang nötig ist. Das wäre ja in diesem Fall die eigenhändige Herstellung der Mahlzeit nach dem norddeutschen Rezept, damit sich eben dieses Rezept auch dauerhaft einprägt. Aber bei Schülern eines 9. Schuljahres kann man sicher voraussetzen – weil sie schon viele Rezepte erlernt haben, Fähigkeiten zum Erwerb, zur Ein- und Zuordnung etc. haben –, daß auch die bloße sprachliche Weitergabe durch den Lehrer, verbunden mit geregelter Übung und Wiederholung, zur Einprägung und zum Behalten führt. Da Unterricht immer auch nach dem Maßstab des Aufwandes in Beziehung zum Erfolg gestaltet werden muß, ergibt sich hier ein Hinweis auf mögliche Aufwandsminderung. Stets und ständig »handelnden« Umgang, höchst intensive Auseinandersetzung mit den Lerninhalten zu betreiben, ist bei dem Umfang des zu Lernenden in der begrenzten Zeit gar nicht möglich.

Halten wir fest:
Um entscheiden zu können, welche Anschauungsmittel sich wahrscheinlich am aktivierendsten auf den Gedächtnisvorgang von Lernenden auswirken und den höchsten Behaltensgrad bewirken, sollten Lehrer – zum einen die vorgesehenen Mittel daraufhin prüfen, wie mit ihnen lernend umgegangen werden kann, welche Art sie von sich aus zulassen oder gar besonders anbieten – zum anderen auf die Lernenden schauen und feststellen, wie diese schon mit den vorgesehenen Mitteln umgehen können.

3.5.4 Zusammenfassung

Sie sollten nunmehr wissen:
- *Erstens,* Lernen liegt – gemäß unserer Auffassung – nur vor, wenn dauerhafte Veränderungen der Verhaltensdispositionen beim Lernenden eintreten, wenn auch *behalten* wird, was erfahren wurde. Unter Rückgriff auf die Gedächtnisforschung – besonders der daraus entwickelten Modellvorstellungen bei KLATZKY – meint dies die dauerhafte Speicherung von Informationen im Lang-Zeit-Gedächtnis. Zu dieser aber kommt es nur, wenn der Lernende aktiv darauf hinarbeitet, wenn er von seinen Sinnen wahrgenommene Eindrücke konstruktiv zu behaltbaren Informationen verarbeitet.
- *Zweitens,* Anschauungsmittel bringen nicht nur die zu lernende Sache, die Lerninhalte, vor die Sinne der Lernenden und ermöglichen diesen somit, daß sie sie aufnehmen können (sensorische Register), sondern aktivieren auch den Merk- und Konstruktionsvorgang nachhaltig. Untersuchungsergebnisse über unterschiedliche Auswirkungen unterschiedlicher Anschauungsmittel auf das Behalten deuten an, daß tatsächlich die besondere Art von Mitteln den Behaltensvorgang und sein Ergebnis beeinflussen. Nach den – wenigen bisher vorliegenden Einsichten hängt die aktivierende Wirkung von Anschauungsmitteln auf den Behaltensvorgang offensichtlich von der je besonderen Art ab, in denen Lernende mit den Mitteln umgehen können und so eine unterschiedliche intensive Auseinandersetzung mit den Lerninhalten haben. Solche Intensität ist zwar einerseits durch die Beschaffenheit von Anschauungsmitteln bestimmt, die bloß gewisse Arten des Umgangs zuläßt, andererseits aber auch von der bereits bei Lernenden vorhandenen Fähigkeit zum Umgang mit Anschauungsmitteln.
- *Drittens,* dies gilt ebenso für die Erinnerungs-, die Reproduktionsfähigkeit des Erlernten, eine starke Aktivität beim Speichern bewirkt offensichtlich einen hohen Grad an Vernetzung des neu Erlernten mit bereits Gespeichertem. Und hohe Venetzung läßt eine bessere und schnellere Erinnerung zu.

4 Anschauung: Mittel oder Zweck!?

Anschauung wurde von uns bisher als bloßes Mittel des Unterrichts behandelt. Wir haben es als ein Mittel erkannt, ohne das es keinen Unterricht, kein Lernen im Unterricht gibt, Anschauung also als ein konstitutives Moment des Unterrichts herausgestellt. Eine Strukturerhellung ergab, daß Anschauung im einzelnen für »Lerninteresse«, »Begreifen« und »Behalten« nötig ist. Ohne Anschauung sind Lerninteresse, Begreifen und Behalten nicht denkbar. Hinzu kommt, daß es von der Art der jeweils eingesetzten Anschauung abhängt, welchen Grad und welche Intensität das Interesse, das Begreifen und das Behalten erreichen können. Lernen ist in seiner Art also abhängig von der Art der Anschauung. Unterricht muß mithin, um erfolgreich zu sein, nicht nur Anschauung schlechthin gewährleisten, sondern durch gezielte Maßnahmen die jeweils beste Art der Anschauung zu verwirklichen suchen.

Es klang aber auch schon an, und zwar im Zusammenhang der Erörterung des Behaltens, daß Anschauung nicht nur als ein Mittel, sondern immer auch als ein Zweck des Unterrichts zu begreifen ist. Unter unserem Betrachtungsgesichtspunkt, einem mehr didaktisch-pragmatischen, erwies sich Anschauung zunächst als ein notwendiges Mittel des Unterrichts, wurde dann aber auch als ein Zweck erkenntlich. Unter einer anderen Betrachtungsweise, beispielsweise der didaktisch-anthropologischen, wie sie FLÜGGE wählt, erweist sich Anschauung zuerst als Zweck aller Unterrichtung, wogegen sein Mittelcharakter zwar sichtbar gemacht wird, an Bedeutung aber gegenüber dem Zweckcharakter zurücktritt. So heißt es beispielsweise bei FLÜGGE (1963, S. 122):

- »Für die Didaktik ist von entscheidender Bedeutung, daß die Anschauung nicht in einer Mittel-Zweck-Relation betrachtet wird. ... Für einzelne Zwecke, unter Umständen von geringerer Ranghöhe, kann die Anschauung freilich als Mittel dienstbar gemacht werden. Das geschieht überall, und oft auch beim Lehren.«

Es erschiene mir müßig, hier der Frage nachzugehen, was denn nun primäre Beachtung verlangt, der Zweck- oder der Mittelcharakter der unterrichtlichen Anschauung. Fest steht: *Anschauung erweist sich aus umfassender didaktischer Sicht als beides, sowohl als Mittel als auch als Zweck des Unterrichts.* Und das macht es m. E. nötig, trotz oder vielleicht sogar wegen der pragmatischen Absicht dieser Untersuchung – die dem Lehrer Aufklärung über die Voraussetzungen seines spezifischen didaktischen Handelns verschaffen soll –, nun doch noch einmal gesondert und ausdrücklich auf Anschauung als einen Zweck des Unterrichts einzugehen. Dabei geht es vor allem darum, dies in unsere Gedankenführung und Sprache einzuordnen.

Wenn von Anschauung als einem Zweck des Unterrichts die Rede ist, so wird eine grundsätzliche Fähigkeit des Menschen angenommen, nämlich jene, mit Anschauung umgehen zu können, ihre vielfältigen Formen und Arten weitgehend bewußt zu nutzen. In der Regel ist in diesem Zusammenhang von *Anschauungskraft* die Rede. Welche Fähigkeit des Menschen ist hiermit gemeint? Mit anderen Worten: Wofür gebraucht der Mensch diese Fähigkeit? Wozu setzt er sie ein? Erinnern wir uns: Weiter vorne wurden zwei Aspekte dieser Grundfähigkeit unterschieden, die Fähigkeit des Menschen zu lernen und die Fähigkeit des Menschen zu eigener Verhaltenssteuerung. Beide Aspekte sollen im folgenden erörtert werden.

Bei didaktischen Erörterungen wird meistens auf den ersten Aspekt abgehoben. Angesprochen ist hier die grundsätzliche Fähigkeit des Menschen, Erfahrungen machen zu können. Und hätte er diese Fähigkeit nicht, so wäre er auch nicht fähig zu lernen. Erfahrungsfähigkeit meint hier zweifach:

- Die Fähigkeit zu sinnlicher Anschauung, durch die zuallererst der Mensch imstande ist, sich etwas aneignen zu können, die Wirklichkeit zu verinnerlichen. Man spricht in diesem Zusammenhang auch von der Fähigkeit zu primärer Erfahrung.
- Die Fähigkeit zum Rückgriff auf frühere Erfahrungen, durch deren Aktivierung der Mensch auch ohne unmittelbare sinnliche Anschauung sich etwas aneignen kann. Es handelt sich hier um eine Fähigkeit, aus einzelnen – immer auf primäre zurückgehende – Erfahrungen eine Art Erfahrungsnetz zu knüpfen und dieses zunehmend weiter auszubauen und zu verfeinern. In diesem Zusammenhang wird auch von der Fähigkeit zu sekundärer Erfahrung gesprochen.

Beides zusammen erst ergibt die Lernfähigkeit des Menschen.

Beispiele

---
1. Ein Kind stapft durch den Schnee, greift mit den Händen hinein, streicht sich den Schnee ins Gesicht, fällt auch einmal in den Schnee. Dieses Kind erfährt unmittelbar und buchstäblich am eigenen Leibe den Schnee, seine Kälte, seine weiße Farbe usw. Diese Erfahrung wird gespeichert und bei Bedarf reproduziert, d. h. das Kind vermag sich an seine eigenen unmittelbaren Sinnesempfindungen zu erinnern. Es lernt also durch eigene Erfahrungen, was Schnee ist. Es lernt dies aber auch nur, weil es durch seine Fähigkeit zu eigener Anschauung dazu imstande ist.

---
2. In der Schule stellt ein Lehrer durch ausströmendes Kohlendioxid künstlichen Schnee her. Der Schüler nimmt dies wahr und erfährt vom Lehrer, daß es sich um Schnee handelt. Der Schüler sieht zwar die weiße Farbe, benötigt aber keine unmittelbare Berührung, um zu wissen, daß es sich bei dieser weißen Schneemasse um etwas Kaltes handelt. Der vom Lehrer mitgegebene Begriff »Schnee« löst in ihm die ehemals am eigenen Leibe erfahrene Empfindung »kalt« aus. Hier zeigt sich also seine Fähigkeit zu sekundärer Erfahrung aller Qualitäten dessen, was er wahrnimmt, weil er frühere Erfahrungen beziehungsweise das, was von ihnen gespeichert wurde, aktivieren kann.

3. Die Mutter erzählt ihrem Kind, daß sie Eierschnee herstellen wolle. Dies Kind hat noch niemals Eierschnee gesehen, gefühlt oder geschmeckt. Trotzdem ist es in der Lage, sich eine – wenn auch bloß ungefähre und nicht genaue – Vorstellung von dem zu machen, was die Mutter dort wohl herstellen wird. Es wird mit dem Begriff die Assoziation »weiß« mit Sicherheit verbinden. Dies kann und tut es, weil es auf seine gespeicherte Erfahrung mit dem Schnee zurückgreifen kann.

Die in den drei Beispielen wiederholt angesprochene Fähigkeit zum Rückgriff auf früher gemachte Erfahrungen ermöglicht auch zuallererst den Erkenntnisfortschritt der Menschheit. Da jeder einzelne Mensch hinsichtlich der Erfahrung der Wirklichkeit als unbeschriebenes Blatt, als Tabula rasa, geboren wird, müßte ohne die Fähigkeit, Erfahrungen anderer Menschen für sich selbst auf sekundärem Wege übernehmen und nutzbar machen zu können, jedes Individuum alle nur denkbaren Erfahrungen selbst machen. Gesammelte Erfahrungen können biologisch nicht weitergegeben werden (abgesehen von wenigen physiologischen Experimenten mit Tieren über die Weitergabe von Erinnerungen durch Gehirnzellen, gibt es hierfür jedenfalls noch keine wissenschaftlich zugreifende Untersuchungsansätze). Es sei wiederholt: Ohne diese Fähigkeit müßte jeder alle Erfahrungen für sich neu machen, wollte er an den Erkenntnisstand der Menschheit unmittelbar anschließen. Das ist schon von der bloßen Vorstellung her unmöglich, es wäre auf diese Weise kein Erkenntnisfortschritt, sondern immer nur ein erneutes Wiederaufarbeiten von Erkenntnissen möglich. Der Mensch ist aber nun einmal nicht bloß zur Reaktivierung eigener und primär gemachter Erfahrungen imstande, sondern kann diese zugleich auch als Anknüpfungspunkt für die Übernahme fremder Erfahrungen nutzen, besitzt also die Möglichkeit zu Erfahrungen aus zweiter Hand, zu sekundären Erfahrungen.

Die vorhergehend dargestellte Fähigkeit des Menschen zu primärer und sekundärer Erfahrung gestattet nicht, solche Erfahrung, solches Lernen als einen Vorgang bloßer Abbildung der Wirklichkeit im Menschen, in seinem Gehirn zu betrachten. Dieser Vorgang muß mehr sein als ein bloß passiver Abbildungsprozeß. Würde man in der Tat eine solche Abbildungserklärung annehmen wollen, so müßte man konsequenterweise dem Menschen die Fähigkeit zur Bildung genereller, verallgemeinernder Begriffe absprechen. Der Mensch müßte gleichsam am einzelnen erfahrenen und dem daraus abgeleiteten Einzelbild kleben bleiben, könnte die Einzelerfahrungen nicht verknüpfen, kein systematisches Netz aufbauen.

Eine gute Erklärung für die Erfahrungsfähigkeit des Menschen liefert die »kognitive Psychologie«. Diese psychologische Position versteht Lernen ebenfalls nicht als bloße Abbildung der Wirklichkeit, wobei der Mensch fast ausschließlich passiv und formbar ist. Der Mensch wird vielmehr als aktiv begriffen, als jemand, der alle Bilder, alle Eindrücke der Wirklichkeit verarbeitet. Umgesetzt werden sie sofort zu Strukturen, in der Regel sprachlichen Mustern. Erfahrung, die wir im einzelnen Menschen nicht beobachten können, muß man sich also als einen konstruktiven Vorgang vorstellen. Nicht die Wirklichkeit und nicht ein bloßes Abbild der Wirklichkeit werden aufbewahrt und bei Bedarf abgerufen. Wenn das Bewahren, das Speichern als ein Akt der Konstruktion bezeichnet werden kann, so ist das Sich-erinnern als ein Akt der Re-Konstruktion und ebenfalls als ein aktiver Vorgang einzuschätzen. Dabei wird nicht bloß die originäre Situation der Sinneseindrücke rekonstruiert, sondern durch den Akt der Rekonstruktion kann der Mensch die im Moment der Rekonstruktion situativ erforderlichen Verknüpfungen herstellen. Er kann mithin nicht bloß erfahrene Wirklichkeit rekonstruieren, sondern unter aktuellen Erfordernissen durchaus auf Momenten der eigenen Erfahrungen neue Vorstellungen über die Wirklichkeit herstellen.

Diese Fähigkeit des Menschen – nicht bloß zur Konstruktion, sondern auch zur Rekonstruktion, etwas aus Erfahrungsinhalten heraus zu entwickeln – zu stärken, ist eine besondere und bedeutsame didaktische Aufgabe. Hier geht es darum, die Anschauungsfähigkeit des Menschen als ein aktives Vermögen verstehen zu lernen. Das heißt die Fähigkeit zur Konstruktion und Rekonstruktion von Wirklichkeit unter Einsatz seiner Anschauungs- und Erinnerungskraft müssen entwickelt werden. Die Anschauung ist mithin nicht nur bloßes Mittel, sondern immer auch Zweck des Unterrichts. Die Anschauungskraft der Heranwachsenden zu stärken, muß als eine bedeutsame Aufgabe allen Unterrichts angesehen werden. Über die Stärkung der Anschauungskraft kann die Fähigkeit zu lernen gefördert werden; Lernen des Lernens bedeutet u. a. zu lernen, sich der eigenen Anschauungskraft bedienen zu können.

Die Konsequenz hieraus ist, einen systematischen Aufbau der Beeinflussung der Anschauungskraft durch Unterricht zu erreichen. Dabei wird ein Stufenaufbau zu beachten sein, der von sinnlicher Anschauung zu immer weiter hiervon entfernteren Anschauungsformen sekundärer Art geht. Ohne hier im einzelnen darauf einzugehen, finden sich für die Entwicklung einer Stufenlehre sicher Hilfen bei PIAGET und dessen Auffassungen über die intellektuelle Entwicklung des Menschen, bei BRUNER und dessen Unterscheidung aktiven, ikonischen und symbolischen Lernens sowie im »Kegel der Erfahrung« von DALE.

Noch einmal zusammengefaßt:
- Anschauung als Zweck des Unterrichts im soeben erörterten Sinne zu begreifen, verlangt, Mittel der Anschauung niemals bloß nach ihrem Mittelcharakter auszuwählen, sondern immer auch gleichzeitig danach zu fragen, welche und ob sie den angestrebten Zweck – einer Förderung der Anschauungskraft – am besten erfüllen helfen. Dies verlangt eine planende Einbeziehung von Anschauungsmitteln in den Unterricht, die nicht bloß kurzfristig, sondern überaus langfristig erfolgt. Wahrscheinlich werden besondere Hilfen zur sinnvollen und angemessenen Entwicklung der Anschauungsfähigkeit erforderlich, die nicht mehr mit den bisher üblichen unterrichtlichen Anschauungsmitteln identisch sind.

Als zweiter Aspekt war weiter vorne die Fähigkeit zu eigener Verhaltenssteuerung genannt, ein Aspekt, der im Grunde genommen schon mit dem ersten erörtert worden ist. Eigene Verhaltenssteuerung soll hier heißen: die Fähigkeit, nicht bloß auf äußere Reize reagieren, nicht bloß äußere Reize aufnehmen zu können, sondern sie gezielt und ausgewählt aufnehmen zu können, als Person nach eigenen Vorstellungen und Zielsetzungen agieren zu können. Es handelt sich mithin um ein selektives und systematisches Vermögen. Es geht hierbei um die Rekonstruktion von Erfahrungen und Anschauungen, die nicht zufällig, sondern bewußt und ausdrücklich erfolgt. Hier wird Neues vorgestellt und geschaffen; Rekonstruktion ist Neu-konstruktion. Dies setzt die Fähigkeit zu »innerer Anschauung« voraus, wie wir sie in anderen Kapiteln ansprachen, das heißt die Fähigkeit, Strukturen zu nutzen, die man in der Konstruktionsphase aufgebaut hat. Sie zu nutzen und nicht bloß spiegelgleich wiederzugeben, sie aktiv für eine Situation zu rekonstruieren, sie willentlich in die Wirklichkeit einzubringen, ist das besondere Merkmal.

Solche willentlichen Akte der Vorstellung können im engeren Sinne Lernabsichten verfolgen, aber auch ganz andere über bloßes Lernen hinausgehende.

---- **Beispiele** ----

1. Bei einem Wissenschaftler mag die Absicht bestehen, menschliche Genstrukturen näher zu untersuchen. Er muß nun nicht abwarten, bis sich zufällig im Verlaufe langer Zeit jene Wirklichkeit einstellt, die er zu untersuchen beabsichtigt. Er hat vielmehr die Fähigkeit, aus seiner ihm bewußten Absicht heraus eine solche Situation aufzusuchen oder auch sie selbst herzustellen, und zwar durch Aktivierung aller hierfür maßgeblichen Strukturen, die er selbst bisher in konstruktiven Prozessen aufgebaut hat. Dieser Wissenschaftler ist imstande, seine Erfahrung selber zu organisieren. Er selber baut jene Wirklichkeit auf, der er sich in bestimmter, hier in wissenschaftlicher, Absicht zuwenden will.

2. Ein junger Mann möchte ein Stück Land erwerben, um für seine Familie ein Haus zu bauen. Bei der Besichtigung, Abmessung des in Aussicht genommenen Landstückes sowie bei Berechnung der möglicherweise fälligen Kosten wird er sich auf alle zur Lösung dieser Probleme in Frage kommenden mathematischen Erfahrungen berufen, die er seinerzeit im Mathematikunterricht gemacht hat. Das heißt er ist fähig, aus dem Schatz der systematisch aufgebauten und gespeicherten Strukturen zielgerichtet jene Momente zu reaktivieren, die er für seine reale Situation und deren Bewältigung benötigt. Er ist nicht auf Abwarten und zufällige Begegnungen angewiesen.

Dies alles ist nur möglich, weil der Mensch u. a. über die eigene Anschauungsfähigkeit und -kraft verfügen kann. Durch sie ist er imstande, sein Bild von der Wirklichkeit zu konstruieren und dieses konstruierte Bild in Form von Strukturen zu speichern, aber auch zur Rekonstruktion, das heißt zum Aufbau einer Wirklichkeit aus den Strukturen heraus. Daß diese Fähigkeit des Menschen bewußt gefördert und entwickelt werden muß, wenn sie nicht verkümmern soll, versteht sich von selbst. Und der allgemeine Ort für die Entwicklung solcher Fähigkeiten ist nun einmal der Schulunterricht. Schulischer Unterricht muß das Vermögen des Menschen, sich seiner Anschauungskraft für die Steuerung seines Verhaltens zu bedienen, zielgerichtet und systematisch in der Absicht angehen, sie auf den höchstmöglichen Stand zu bringen. Es wird wohl darauf ankommen, einen Lehrgang zur Förderung und Entwicklung und Schulung der Anschauungskraft der Heranwachsenden und Jugendlichen aufzubauen.

5 Anschauung war schon immer ein Problem

Vorbemerkungen

Warum müssen wir bei einem so aktuellen Thema, wie dem der Anschauung, einen Blick zurück in die Vergangenheit tun? Ist das bloße Manie?

Zwei Antworten sollen auf solche Fragen gegeben werden:
- *Erstens* ist Anschauung zwar ein aktuelles Problem gegenwärtiger didaktischer Überlegungen und Praxis, aber das war es früher auch schon; Anschauung war zu allen Zeiten ein stets aktuelles Problem, um dessen Lösung man sich bemühte.
- *Zweitens* haben frühere Lösungen unter Umständen auch heute noch Gültigkeit, lassen sich möglicherweise insgesamt oder modifiziert in die Gegenwart übertragen.

Also wollen wir hier nicht bloß eine »historische Rückblende« durchführen, die allenfalls »in der Sammlung von Kuriositäten und Meinungen steckenbliebe«, wie dies F. LOSER befürchtet (1969, S. 26). Auch wenn die Deutung historischer Beiträge nicht in dem vollständigen Kontext ihrer Entstehungsgeschichte – was Person, geistes- und sozialgeschichtliche Umstände anbelangt – vorgenommen wird, vermögen m. E. ihre strukturellen Momente aktuelle Bedeutung zu gewinnen:
- einerseits bei der relativierenden Sichtweise auf das Problem der Anschauung;
- andererseits bei der Anbahnung problemlösenden didaktischen Denkens.

5.1 Anschauung: Mittel der Erziehung
(JOHANN AMOS COMENIUS, 1592-1670)

Den Anfang einer bewußten didaktischen Auseinandersetzung mit der »Anschauung« sieht man in der Regel bei COMENIUS, wie man überhaupt in seiner Zeit und besonders seinem Werk »Didactica magna« (»Große Didaktik«, 1657) den Beginn ausdrücklich didaktischer Theoriebildung sieht.*
Dieses Werk steht im Mittelpunkt der umfassenden und zahlreichen Schriften des COMENIUS und soll – entsprechend seinen Grundauffassungen – die natürlichen Regeln allen Lehrens und Lernens vor Augen führen: sie ist als »Große Didaktik – die vollständige Kunst, alle Menschen alles zu lehren«, wie COMENIUS selbst sagte.

---

* Wenn Sie sich mit COMENIUS und seiner berühmtesten Schrift, der »Großen Didaktik«, weiter befassen wollen, empfehle ich Ihnen die von ANDREAS FLITNER besorgte Ausgabe, München u. Düsseldorf, 3. Aufl., 1966. Nach dieser Ausgabe wird hier auch zitiert.

Und als eine der Regeln postuliert er:
- *»Daher die goldene Regel für alle Lehrenden:*
  Alles soll wo immer möglich den Sinnen vorgeführt werden.«

Etwas »vor die Sinne zu führen«, heißt nichts anderes, als es den Lernenden anschaulich zu machen, ihnen Anschauung von den zu lernenden Dingen zu schaffen.

Und COMENIUS begründet auch diese Regel, und zwar gleich dreifach:
1. *»Der Anfang der Kenntnis muß immer von den Sinnen ausgehen (denn nichts befindet sich in unserem Verstande das nicht zuvor in einem der Sinne gewesen wäre).«*
2. *»Die Wahrheit und Sicherheit der Wissenschaft ist von nichts so abhängig wie vom Zeugnis der Sinne. Denn die Dinge prägen sich zuerst und unmittelbar den Sinnen ein dann erst durch Vermittlung der Sinne dem Verstande.«*
3. *»Und weil die Sinne die treuesten Sachwalter des Gedächtnisses sind so wird diese Veranschaulichung der Dinge bewirken daß jeder das was er weiß auch behält.«*

------ **Aufgabe** ------
Bringen Sie bitte die Begründungen des COMENIUS in Ihre eigene Sprache und auf stichwortartige Kürze!

Ohne Schwierigkeiten – vielleicht hat das erste Argument Sie etwas länger beschäftigt – dürften Sie zu etwa folgenden Stichworten gekommen sein:

Alles vor die Sinne zu führen, d. h. anschaulich zu lehren, ist nötig und angebracht, weil
1. nur so überhaupt etwas gelernt werden kann;
2. auf diese Weise etwas »richtig« gelernt wird;
3. dadurch das Erlernte besser behalten wird.

Dem möglichen Fehlverständnis, unter Anschauung bloß die visuelle Anschauung zu verstehen, kommt COMENIUS mit der Aufzählung aller in Frage kommenden Sinne zuvor:
- *»Daher die goldene Regel für alle Lehrenden:*
  Alles soll wo immer möglich den Sinnen vorgeführt werden
  Was sichtbar dem Gesicht
  Was hörbar dem Gehör
  Was riechbar dem Geruch
  Was schmeckbar dem Geschmack
  Was fühlbar dem Tastsinn
  Und wenn etwas durch verschiedene Sinne aufgenommen werden kann,
  soll es den verschiedenen zugleich vorgesetzt werden.«

Neben der Aussage, daß die für alles Lernen notwendige und ihm förderliche Anschauung nicht nur auf das Sehen beschränkt ist, sondern alle sinnlichen Wahrnehmungsfähigkeiten des Menschen umgreift, weist COMENIUS hier noch auf weiteres hin:
- Es hängt vom Lerngegenstand und seiner Beschaffenheit ab, welche Art von Anschauung in Frage kommt, welchen menschlichen Sinnen er »vorgeführt« werden muß.

Damit ist die didaktische Aufgabe des Lehrers eindeutig umschrieben: Es gilt immer zunächst danach zu fragen, welche Art von Anschauung ein zu lernender Gegenstand von sich aus erforderlich macht. Wie COMENIUS in anderem Zusammenhang beispielhaft anführt: »den Zucker zu kosten, ein Kamel zu sehen, den Gesang der Nachtigall zu hören, in der Stadt Rom zu sein.«

Es könnte nun irrtümlicherweise der Eindruck entstanden sein, COMENIUS verlange für jeden Lernvorgang die Einbringung des jeweils originalen Lerngegenstands. Von solcher Auffassung aber ist er weit entfernt:
- *»Wenn die Dinge selbst nicht zur Hand sind so kann man Stellvertreter verwenden: Modelle oder Bilder die zu Unterrichtszwecken angefertigt worden sind.«*

Anschauung ist nicht nur durch den jeweils originalen Lerngegenstand erreichbar, sondern auch durch Mittel zur Darstellung desselben. COMENIUS spricht hierfür sogar ausdrücklich von *Anschauungsmitteln:*
- *»Derartige Anschauungsmittel (d. h. Nachbildungen von Dingen die man selbst nicht haben kann) müßten für alles Wissenswerte angefertigt werden und in allen Schulen zur Hand sein.«*

Dieser Forderung ist COMENIUS selbst verschiedentlich nachgekommen. Besonders eindringlich geschah dies in seinem weltweit bekannt gewordenen »Orbis sensualium pictus«, die »Welt in Bildern«: Das Buch enthält zu allen aufgeführten Sachen ein Bild und führt Schülern auf diese Weise die seinerzeit bekannte Welt anschaulich vor Augen. Es ist – entsprechend den oben dargestellten Grundsätzen – auf solche Gegenstände beschränkt, zu deren wahrheitsgetreuem Lernen die Vorführung für das Auge weitgehend ausreicht.*

Sehen Sie sich bitte die folgenden Beispiele auf Seite 133 an.

Die Darstellung der Auffassung von Anschauung bei COMENIUS wäre unvollständig und ließe bei Ihnen den Eindruck eines fast technologischen Verständnisses aufkommen (d. h.: Anschauung um des richtigen, leichten, besseren Lernens

---

* »Orbis sensualium pictus« ist übrigens jetzt wieder neuaufgelegt worden in der Reihe bibliophiler Taschenbücher des Verlags Harenberg/Kommunikation, Nr. 30. Die Abbildungen auf Seite 133 wurden daraus entnommen (S. 76 bzw. S. 34). Zitiert wird hier aus dem »Neuen Orbis Pictus« v. J. E. Gailer, 3. Aufl., Reutlingen 1842.

und Behaltens willen), wenn nicht auch noch kurz die Bedeutung der Anschauung für die gesamte Erziehung angedeutet würde. Lesen Sie hierfür bitte die knappen und präzisen Ausführungen von A. FLITNER (a. a. O., S. 229/230):
- »Ein Kreis von wenigen grundlegenden Gedanken läßt sich in allen pädagogischen Schriften des COMENIUS aufweisen. Voran steht der Gedanke der Einfügung allen Lernens und Wissens in den einen Ordnungszusammenhang der Welt. Gott hat mit seiner ratio alle geschaffenen Dinge zu einem großen Gesetzesgebäude geordnet, und er hat dem Menschenverstand ein Stück dieser eigenen rationalen Kraft verliehen, damit er erkennend und tätig mitschaffe an dem göttlichen Ordnungswerk. Die neuplatonische Lehre der Entsprechung von Makro- und Mikrokosmos ist hier erneuert und auf die Erziehung angewandt. Das Kind muß in seinem Glauben, Wissen und Können in diesen göttlich-rationalen Zusammenhang eingeführt werden. Und man muß die genaue, verstandesgemäße Weise auffinden, das Kind von früh auf dem Zufall zu entziehen und es der rechten Ordnung seines inneren und äußeren Lebens zuzuwenden. Von diesen Voraussetzungen her ist die vollständige gedankliche Durchformung des Erziehungsgeschäfts, ist eine umfassende rationale Theorie der Erziehung, ein pädagogisches System geistesgeschichtlich erst möglich geworden.

Dieses System fordert folgerichtig für das didaktische Vorgehen zweierlei: ein unablässiges Zusammenwirken von sprachlichem und sachlichem Erfassen der Welt; und einen ringförmigen Aufbau der geistigen Enzyklopädie. Das erste Prinzip ergibt sich daraus, daß die Wahrheit nicht nur im Menschen selber gefunden, sondern gleichermaßen aus der Schöpfung Gottes abgelesen werden muß. Daher die Aufnahme der Real- und Weltkunde, daher das Ineinander von sprach- und lebensphilosophischen Gedanken, daher auch das Vorzeigen, Darstellen und Abbilden im Unterricht; hier tut sich der didaktische Fragenkreis auf, der bis heute mit dem Worte ›Anschauung‹ problematisch geblieben ist. – «

―――― **Aufgabe** ――――

In der Regel wird Anschauung als ein didaktisches Prinzip aufgefaßt. Überlegen Sie bitte, weshalb eine solche Auffassung den Anschauungsbegriff bei COMENIUS nur verkürzt erfassen würde und weshalb bei COMENIUS von einem didaktischen und pädagogischen Prinzip gesprochen werden muß!

»Die sieben Alter des Menschen«

Der Mensch ist: Erstlich ein Kind/1 – darnach ein Knab/2 – dann ein Jüngling/3 – wied'um ein Jungmann/4 – folgends ein Mann/5 – als dann ein Altmann/6 – Endlich ein Greiß/7.
Also auch im andern Geschlecht: sind das Püpchen/8 – das Mägdlein/9 – die Jungfrau/10 – das Weib (die Frau)/11 – die Altfrau/12 – die Altmutter/13.

»Gartenfrüchte«

In Kohlgärten wachsen Gartenfrüchte als: der Salat/1 – der Kohl/2 – die Zwiebel/3 – der Knoblauch/4 – der Kürbiß/5 – die Möhre (gelbe Rübe)/6 – die Rübe/7 – der Rettich/8 – der Meerrettich (Kren)/9 – die Petersilie/10 – die Gurken (Cucumern)/11 – die Melonen/12.

5.2 Anschauung: Fundament der Erkenntnis
(JOHANN HEINRICH PESTALOZZI, 1746-1827)

Von PESTALOZZI stammt die wohl rigoroseste Äußerung über die Anschauung, zugleich jene, die sich über lange Zeit hinweg und bei vielen Lehrergenerationen gehalten und deren Handeln maßgeblich beeinflußt hat. Ja, man kann hier geradezu von einem didaktischen Sprichwort sprechen, gegen dessen Tendenz kein Lehrer verstoßen wollte.
Doch urteilen Sie an Hand der folgenden Aussagen von PESTALOZZI bitte selbst:*

– »Freund! Wenn ich jetzt zurücksehe und mich frage: Was habe ich eigentlich für das Wesen des menschlichen Unterrichts geleistet? – so finde ich: Ich habe den höchsten obersten Grundsatz des Unterrichts in der Anerkennung der Anschauung als dem absoluten Fundament aller Erkenntnis festgesetzt und mit Beseitigung aller einzelnen Lehren das Wesen der Lehre selbst und die Urform aufzufinden gesucht, durch welche die Ausbildung unseres Geschlechts durch die Natur selber bestimmt werden muß;...«

»Und bei jeder einzelnen Ansicht komme ich auf die Behauptung zurück, daß die Lücken des europäischen Unterrichts oder vielmehr das künstliche Auf-den-Kopf-Stellen aller natürlichen Ansicht desselben diesen Weltteil dahin gebracht hat, wo er jetzt liegt, und daß kein Mittel gegen unsre schon geschehenen und noch zu erwartenden bürgerlichen, sittlichen und religiösen Überwälzungen möglich sei als die Rücklenkung von der Oberflächlichkeit, Lückenhaftigkeit und Schwindelköpferei unsres Volksunterrichtes zur Anerkennung, daß die Anschauung das absolute Fundament aller Erkenntnis sei; mit anderen Worten, daß jede Erkenntnis von der Anschauung ausgehen und auf sie müsse zurückgeführt werden können.«

Aufgabe

Beschreiben Sie bitte mit eigenen Worten, welchen Grad an Notwendigkeit für menschliche Erkenntnis Anschauung nach Auffassung PESTALOZZIs besitzt!

Sie sollten jetzt wissen:
- daß PESTALOZZI sich schlechterdings keine menschliche Erkenntnis ohne Anschauung vorstellen kann,
- daß PESTALOZZI in der Anschauung den ersten Schritt aller Erkenntnis sieht, daß Erkenntnis ohne alle Ausnahme mit Anschauung beginnt;
- daß alle gewonnenen Erkenntnisse auf Anschauungen zurückführbar sind.

---
* Wenn Sie die Zitate im Gedankengang PESTALOZZIs aufsuchen und verfolgen wollen, lesen Sie seine 1801 veröffentlichte Schrift »Wie Gertrud ihre Kinder lehrt. Ein Versuch, den Müttern Anleitung zu geben, ihre Kinder selbst zu unterrichten, in Briefen«, und zwar vor allem den Brief 9, aus dem auch beide obigen Zitate entnommen sind. Hier wird stets zitiert nach der Werkausgabe von P. BAUMGARTNER, Erlenbach-Zürich 1946, Schriften aus den Jahren 1798-1804, S. 164-365.

Bevor zur weiteren Darstellung der Anschauung bei PESTALOZZI fortgeschritten wird, soll noch die Vehemenz seiner Aussage Erklärung finden, jene Vehemenz, die sich im zweitangeführten Zitat deutlich mit einem Angriff auf die derzeitige Unterrichtspraxis zu PESTALOZZIs Zeit verbindet: Der »Volksunterricht« wird als oberflächlich, lückenhaft und schwindelköpferisch gewertet. In der Tat befand PESTALOZZI den seinerzeitigen Unterricht als grundfalsch angelegt und deswegen als zu falscher Bildung führend.
Was wurde falsch gemacht? PESTALOZZI urteilt, daß »das Unterrichtswesen unseres Weltteils, wie es jetzt *öffentlich allgemein* und *für das Volk* betrieben wird, die Anschauung ganz und gar nicht als den obersten Grundsatz des Unterrichts anerkennt und daß dasselbe von der Urform, innert welcher die Ausbildung unseres Geschlechts durch das Wesen unserer Natur selber bestimmt wird, keine Kunde nimmt; ...«

Nicht weniger als unnatürlich also ist in den Augen PESTALOZZIs aller Unterricht, der nicht auf Anschauung aufbaut. Und wozu führt ein solcher Unterricht? Nach den Worten von PESTALOZZI zu:
– *»Zungendrescherei«*
– *»Wortnarren«*
– *»Buchstabenmenschen«*
– *»leerem Wortwissen«*
– *»Maularbeit«*

Ein ohne Anschauung unterrichteter Mensch kann sehr gescheit erscheinen, weil er viele Worte kennt und sie geschickt zu setzen versteht. Aber er ist nicht gebildet, weil er nur über Begriffe ohne Anschauungen verfügt, also bloß über Hülsen ohne jeden Inhalt, über »Seifenblasen«, die er nicht einmal an ihren Ursprung zurückverfolgen kann. Und Ursache hierfür ist nach PESTALOZZI nicht zuletzt »die Erfindung der Buchdruckerkunst«. Sie hat zuallererst zur »Erleichterung der Wortkenntnisse« geführt, indem sie die Möglichkeit der bloßen Weitergabe und des bloßen Lernens von Wörtern und Begriffen ohne Anschauungen begründete. PESTALOZZI nun will den Unterricht wieder weg von solcher Begriffsübernahme, die ihm künstlich und der Art des Menschen ungeeignet dünkt, hin zum Anschauungslernen führen, da allein dies der Natur menschlichen Lernens entspräche.

Was ist nun Anschauung nach der Auffassung PESTALOZZIs?
Die Antwort ist verblüffend einfach:
– »So ist sie nichts anders als das bloße *Vor-den-Sinnen-Stehen* der äußeren Gegenstände und die bloße Regmachung des Bewußtseins ihres Eindrucks.«

───── **Aufgabe** ─────
Überlegen Sie bitte einmal, worin dann Ihre Aufgabe als Lehrer bestünde!

Sie können eigentlich zu keinem anderen Ergebnis gelangt sein als: *Vor-die-Sinne-stellen!* Im anschauungsfundierten Unterricht kommt es darauf an, die zu erkennenden Dinge, Gegenstände usw. »vor die Sinne der Lernenden zu stellen«, damit diese im Ausgang davon zu den entsprechenden Begriffen gelangen, damit diese Worte, Begriffe nicht bloß übernehmen, sondern durch eigene Anstrengung bilden. Nur auf diese Weise können sie über gefüllte, mit Vorstellungen gefüllte, Begriffe verfügen und Begriffe wieder zu jenen Dingen zurückverfolgen, die sie bezeichnen, für die sie geschaffen wurden.

Um bei Ihnen kein falsches Verständnis aufkommen zu lassen, das sich nach meinen Erfahrungen allzu leicht einstellt, wenden Sie sich bitte kurz folgender Aussage zu:
– *»Das einfache Vor-die-Ohren-Bringen der Töne und die bloße Regemachung des Bewußtseins ihres Eindrucks durch das Gehör ist für das Kind so gut Anschauung als das einfache Vor-Augen-Stellen der Gegenstände und die bloße Regemachung des Bewußtseins durch ihren Eindruck auf den Sinn des Gesichts.«*

Ganz richtig, Vor-die-Sinne-stellen ist wörtlich gemeint, es ist kein »Sinn« ausgeschlossen. Ihre Aufgabe ist es, Lernen durch Anschauung so zu gründen, daß Sie die Gegenstände – selbstverständlich entsprechend ihrer besonderen Eigenart, angeschaut werden zu können bzw. von Menschen angeschaut zu werden – vor irgendeinen Sinn der Lernenden stellen, also die Lernenden
– den Gegenstand sehen oder
– den Gegenstand hören oder
– den Gegenstand fühlen oder
– den Gegenstand riechen oder
– den Gegenstand schmecken lassen.

Oder: alles zusammen gewähren lassen.

Anschauung – wie dies Wort selbst nahelegen könnte – auf das Anschauen, auf den sog. Gesichtssinn, das Sehen einzuschränken, verbietet sich nachdrücklich.

PESTALOZZI kommt sogar zu der Behauptung, daß Lernen erfolgreicher ist, je mehr Sinne beim Schüler angesprochen werden:
– *»Durch je mehrere Sinne du das Wesen oder die Erscheinungen einer Sache erforschest, je richtiger wird deine Erkenntnis über dieselbe.«*

Ist das nun alles, was PESTALOZZI über Anschauung aussagt:
– daß es keinen Unterricht ohne Anschauung gibt;
– daß alles Lernen mit Anschauung zu beginnen hat;
– daß allein Anschauung zu echter Erkenntnis führt;
– daß Anschauung mit allen Sinnen gemacht werden kann?

Wäre dies alles, so würde man doch höchstwahrscheinlich in Verfolgung der Gedanken PESTALOZZIs in der Regel natürliche Gegenstände in den Unterricht holen, wo immer dies möglich ist, um die Schüler daran zu Erkenntnissen und deren begrifflicher Fassung gelangen zu lassen. PESTALOZZI schreibt aber auch, und ich bitte Sie, dies aufmerksam zu lesen und in Einklang mit dem bisher Erörterten zu bringen:
- *»Wo du die Erde der Natur überläßest, da trägt sie Unkraut und Disteln; und wo du ihr die Bildung deines Geschlechts überläßest, da führt sie dasselbe weiter nicht als – in den Wirrwarr einer Anschauung, die weder für deine noch für die Fassungskraft deines Kindes so geordnet ist, wie ihr es für den ersten Unterricht bedürfet. Es ist daher gar nicht in den Wald oder auf die Wiese, wo man das Kind gehen lassen muß, um Bäume und Kräuter kennenzulernen; Bäume und Kräuter stehen hier nicht in den Reihenfolgen, welche die geschicktesten sind, das Wesen einer jeden Gattung anschaulich zu machen und durch den ersten Eindruck des Gegenstandes zur allgemeinen Kenntnis des Faches vorzubereiten.«*

Sind Sie auch »befremdet« über diese Feststellung PESTALOZZIs, so wie das E. SPRANGER war, der »mit Befremden« auf die These reagierte, man dürfe Kinder »nicht in den Wald und auf die Wiese« führen!? Welche Gedanken, Auffassungen usw. mögen bei PESTALOZZI dahinter stecken? Versuchen Sie doch einmal, selbst dahinterzukommen und mit eigenen Worten auszudrücken.

Sie erinnern sich: es geht um Begriffe! Lernen heißt, zu erkennen und zu sauberen und deutlichen Begriffen zu kommen und diese Begriffe nicht nur als vorstellungslose Hülsen zu besitzen, sondern jederzeit wegen ihrer zutreffenden und präzisen Anschauungsfülle zu den Anfängen des Erkenntnisprozesses, zu den Gegenständen zurückführen zu können. Es geht um *deutliche* Begriffe, und solche kann man nur an *deutlichen, eindeutigen*, nicht aber an verwirrenden Anschauungen gewinnen. PESTALOZZI sagt:
- *»Um Dein Kind auf dem kürzesten Wege zum Ziel des Unterrichts, zu deutlichen Begriffen, zu führen, mußt du ihm mit großer Sorgfalt in jedem Erkenntnisfache zuerst solche Gegenstände vor Augen stellen, welche die wesentlichen Kennzeichen des Faches, zu welchem dieser Gegenstand gehört, sichtbar und ausgezeichnet an sich tragen und dadurch besonders geschickt sind, das Wesen desselben im Unterschiede seiner wandelbaren Beschaffenheit in die Augen fallen zu machen; versäumst du aber dieses, so bringst du das Kind beim ersten Anblick des Gegenstandes dahin, die wandelbare Beschaffenheit desselben als wesentlich anzusehen und sich auf diese Weise in der Kenntnis der Wahrheit wenigstens zu verspäten und den kürzesten Weg, in einem jeden Fache von dunkeln Anschauungen zu deutlichen Begriffen zu gelangen, zu verfehlen.«*

Noch einmal und simpel: Nicht die ursprüngliche und natürliche Art und Anordnung der Dinge ist zugleich auch die beste Anschauung, sie zu erkennen. Vielmehr ist jene Anschauung als beste zu werten – und dementsprechend auch in den Unterricht einzubringen – durch die das *Wesen,* das Wesentliche der Sache erkennbar und ergreifbar wird. Wo es um den Wald geht, wird der Wald den sichersten Zugang bieten, aber ... es wird unter vielen Wäldern einige geben, die leichteren Zugang als die übrigen gewähren. Wo aber »Bäume und Kräuter kennenzulernen« sind, so PESTALOZZI, da versperrt der komplexe Wald wohl eher den leichten und reinen Zugriff, da wäre der einzelne Baum, das einzelne Kraut die bessere Anschauung.

Hinter solcher Auffassung steckt zumindest zweierlei:
- *Erstens* eine philosophisch-ontologische Auffassung über die Wirklichkeit. Möglicherweise greift PESTALOZZI auf die Gedanken ARISTOTELES zurück, der zwischen der unveränderbaren Substanz und deren vielfältigen und wandelbaren Erscheinungen unterschied. Wessen Gedanken an Erscheinungen kleben bleiben, wird niemals zur Erkenntnis des Wesens, der Substanz vorstoßen. Daher gilt die Sorge PESTALOZZIs der Forderung, keine Anschauungen zuzulassen, die nicht über sich zum Wesen der Gegenstände vordringen lassen, sondern solche, die dies zulassen, zusätzlich vor allem solche, die das leicht zulassen.
- *Zweitens* wird ganz offensichtlich Erkenntnis nicht als ein bloß rezeptiver Akt der Vereinnahmung äußerer Eindrücke begriffen. Vielmehr ist die Erkenntnis ein stets aktiver Zugriff des Menschen. Der Begriff ist nicht gleichsam selbstverständliches Ergebnis eines durch Betrachtung von Gegenständen ausgelösten Prozesses, sondern er bedarf der geistigen Anstrengung. Er ist nicht bloß abstraktes Symbol für vorgefundene Eindrücke, sondern wird zum Mittel des Menschen für die Gestaltung, ja Konstituierung der Wirklichkeit. Daher möchte PESTALOZZI dafür Sorge tragen, daß es nicht wegen falscher und »schiefer« Anschauungen zu falschen und schiefen Begriffen kommt. Nur eindeutige Anschauungen begründen deutliche Begriffe.

Was PESTALOZZI für den einzelnen Erkenntnisvorgang sagt, gilt auch für den gesamten Erkenntnisprozeß – damit Lern- und Bildungsprozeß – eines Menschen:
– *»Das vorzügliche Mittel, Verwirrung, Lücken und Oberflächlichkeit in der menschlichen Bildung zu verhüten, beruht also hauptsächlich in der Sorgfalt, die Anfangseindrücke der wesentlichsten Gegenstände unserer Erkenntnis dem Kinde bei ihrer ersten Anschauung so bestimmt, so richtig und so umfassend vor die Sinne zu bringen als immer möglich. Schon bei der Wiege des unmündigen Kindes muß man anfangen.«*

5.3 Anschauung: Erfahrung der Wirklichkeit
(IMMANUEL KANT, 1724-1804)

KANT hat das didaktische Denken nicht so sehr durch seine Gedanken zur Pädagogik und unmittelbar beeinflußt, als vielmehr durch seine grundlegenden philosophischen Untersuchungen über menschliche – und wissenschaftliche – Erkenntnis mittelbar auch auf pädagogisches und didaktisches Denken eingewirkt. Deshalb erscheint mir seine Auffassung über Anschauung für Lehrer auch heute interessant zu sein.*

Am bekanntesten ist wohl die einprägsame Formel KANTs geworden (1794):
- *»Gedanken ohne Inhalte sind leer,
  Anschauungen ohne Begriffe sind blind.«*

Um die Kernaussage verständlicher zu machen, könnte man verändert sagen:
- Begriffe ohne Anschauungen sind leer
  Anschauungen ohne Begriffe sind blind.

----- **Aufgabe** -----
Skizzieren Sie bitte mit eigenen Worten und bloß stichwortartig, wie Sie diese Aussage jetzt begreifen!

Vielleicht können wir die doch recht bildhafte Aussage KANTs einmal an einem simplen (und wohl auch simplifizierenden!) Beispiel nachvollziehen.

----- **Beispiel 1** -----
Im folgenden gebe ich Ihnen einen Begriff, und Sie beschreiben bitte, was er bezeichnet

Der Begriff: Plimbampumpel

Ihre Beschreibung: ...

Sie haben doch allenfalls geschrieben, daß Sie nicht wissen, was sich dahinter verbirgt, oder: daß Sie ihn für unsinnig o. ä. halten, oder: daß er sich aus den Buchstaben – P – l – i – usw. zusammensetzt.

M. a. W.: Sie haben einen Begriff vorgefunden, den Sie auch behalten und reproduzieren können, aber sie haben keine Vorstellung von irgend etwas damit verbinden können. Sie haben also bloß einen *leeren* Begriff!

---

* Die Erörterung der Anschauung findet sich bei KANT vor allem in seiner »Kritik der reinen Vernunft«. Hier wird zitiert nach der Ausgabe in der Philosophischen Bibliothek, Bd. 37a, Felix Meiner-Verlag, Hamburg 1956.

―――― **Beispiel 2** ――――――――――――――――――――――――

Im folgenden gebe ich Ihnen eine Skizze, also eine Art Anschauung, und Sie schreiben bitte in möglichst einem Begriff, was das ist!

Die Anschauung:*

Ihr Begriff: ...

―――――――――――――――――――――――――――――――――――

Wenn Sie nicht zufällig das lästerhafte Buch gelesen haben, aus dem ich diese Skizze entnahm, werden Sie höchstenfalls geschrieben haben: Fabelwesen, oder: weiß ich nicht o. ä.

M. a. W.: Sie haben keinen Begriff bei sich gefunden, weil Sie das Dargestellte noch nicht kennen. Sie haben also bloß eine *blinde* Anschauung!

―――――――
* Das Motiv des Wolpertinger wurde entnommen aus: H. BURGER u. a., Bayern braucht Wolpertinger – jetzt erst recht, München 1983⁸, S. 159.

Was soll denn das nun eigentlich? Was soll die Aussage KANTs besagen? Wenn Sie sich vorstellen, Sie würden immer nur auf *Begriffe* oder auf *Anschauungen* stoßen, niemals aber auf beide, dann würden Sie niemals *Erkenntnisse* machen können. Wenn Sie bloß eine Anschauung haben, wissen Sie nicht, was das eigentlich ist (nur ein *dies da, das da* o. ä.), können es nicht denken und festhalten. Wenn Sie bloß einen Begriff haben, können Sie sich nichts darunter vorstellen, ihn nur papageienhaft nachplappern. Um etwas kennenzulernen, von etwas eine Erkenntnis zu gewinnen, müssen Sie beides haben: Begriff und Anschauung!

– »Anschauung und Begriffe machen also die Elemente aller unserer Erkenntnis aus, so daß weder Begriffe, ohne ihnen auf einige Art korrespondierende Anschauung, noch Anschauung ohne Begriffe, eine Erkenntnis abgeben *können.*«

Halten wir also fest für unser Thema:
- *Ohne Anschauung gibt es keine Erkenntnis!*

Das menschliche Denkvermögen, der Verstand, allein reicht nicht aus, um Erkenntnisse machen zu können. Ein zweites Vermögen, die Anschauung, die Sinnlichkeit, korrespondiert hierfür mit dem Denkvermögen. Was nun die Anschauung betrifft, so wird sie einzig durch Gegenstände ausgelöst, die vor die Sinne gestellt werden können. Gegenstände »affizieren« durch ihre Erscheinung das Anschauungsvermögen, d. h. sie lösen Vorstellungen im Menschen aus. Umgekehrt – und dies ist für KANTs Philosophie der bedeutsamere Aspekt – kann der Mensch Erkenntnisse auch nur von solchen Dingen haben, die als Erscheinungen Anschauungen bewirken, von denen der Mensch also überhaupt eine Anschauung haben kann, die nach KANT allein wirklich sind.

Erkenntnis ist an Erfahrung gebunden:
– »Daß alle unsere Erkenntnis mit der Erfahrung anfange, daran ist gar kein Zweifel; ... *Der Zeit nach* geht also keine Erkenntnis in uns vor der Erfahrung vorher, und mit dieser fängt alle an.«

Erfahrungen kann der Mensch, wie soeben gesagt, nur von *wirklichen* Dingen haben, von solchen, die als Phänomen die Anschauung auslösen und den zugehörigen Begriff mit *Inhalt, mit Vorstellungen* füllen. Erfahrung und Anschauung bedeuten weitgehend dasselbe. Erfahrung/Anschauung kann der Mensch mit allen Sinnen unmittelbar machen: dem Gesicht, dem Gehör, dem Geruch, dem Geschmack, dem Tasten. Er kann sie aber auch mittelbar machen, und zwar durch Rückgriff auf frühere Erfahrungen. Aber: auf Erfahrungen muß zurückgegangen werden.

Dafür ein kleines Beispiel: Nehmen wir an, jemand kennt zwar Menschen, aber keine Pferde, hat also auf die eine oder andere Art zwar Erfahrungen des Menschen, nicht aber des Pferdes, also auch keine Vorstellungen über das Pferd entwickelt. Wie soll man so jemandem klar machen, was ein Reiter ist!? Zeigt man ihm das Ganze, so hat er zwar eine Anschauung, bekommt auch einen Begriff dazu, wird auch auf weitere Reitererscheinungen immer wieder den richtigen Begriff anwenden können. Aber unterhalten z. B. über das, was den Reiter ausmacht, kann er sich nicht. Man erinnere sich an die Furcht und den Schrecken, den die spanischen Reiter seinerzeit auf mittelamerikanische Ureinwohner ausübten. Anders, wenn jemand Pferde und Menschen kennt; ihm muß man nicht unbedingt einen Reiter vor Augen führen, es genügt, ihm mit Worten eine Erklärung zu geben, so daß er sich selbst durch Rückgriff auf frühere Erfahrungen eine Vorstellung machen und dadurch zur Erkenntnis »Reiter« kommen kann, wie z. B. »Einen Menschen auf einem Pferd nennt man Reiter«. D. h. Erfahrungen können unmittelbarer und mittelbarer Art sein, es gibt also abgestufte Anschauungsmöglichkeiten, um sich die Wirklichkeit zu erschließen, sie zu erkennen.

In KANTs Philosophie ist Anschauung gleichsam nur ein Zwischenstück, um zu erklären, wie der Mensch überhaupt zu Erkenntnissen gelangt. Dabei ist für KANT nicht nur die Aussage wichtig, daß ohne Anschauung keine Erkenntnis möglich ist, sondern ebensosehr die umgekehrte: nur was durch Anschauung erfahren werden kann – unmittelbar oder mittelbar –, ist wirklich. Auf diese Weise grenzt KANT das bloß *Mögliche,* das man nur denken kann, von der *Wirklichkeit* ab und begründet durch solche Erkenntnistheorie die empirischen Wissenschaften und markiert deren Grenzen scharf.

Literatur

AdA (Ausbildung der Ausbilder), Fernsehkurse im Medienverbund, Nr. 12, Didaktik und Methodik, München 1974

AEBLI, HANS, Zur Einführung, in: NEISSER, U., Kognitive Psychologie, Stuttgart 1974

AEBLI, HANS, Denken: das Ordnen des Tuns, Bd. I, Kognitive Aspekte der Handlungstheorie, Stuttgart 1980

BAUR, WERNER, Medien im Biologieunterricht, Diplomarbeit, Weingarten 1982

BAUR, WERNER, Zur Veränderung von Einstellungen durch Unterricht - Eine empirische Untersuchung zur spezifischen Wirkung von Medien im Biologieunterricht, Päd. Diss., Weingarten 1985

BOSSHARDT, HANS-GEORG, Der Einfluß von Vorstellungen auf Wahrnehmungen und Behalten, Phil. Diss., Bochum 1973

BRUNER, J. S./OLVER, R. R./GREENSFIELD, P. M., Studies in Cognitive Growth, New York 1966

COMENIUS, JOHANN AMOS, Große Didaktik (1657), Hrsg. v. A. FLITNER, München u. Düsseldorf 1966, 3. Aufl.

CRONBACH, LEE J., Educational Psychology, 2nd Ed., New York 1963

DALE, EDGAR, Audio-Visual Methods in Teaching, 3rd Ed., New York et al 1969

DÖRING, KLAUS W. (Hrsg.), Lehr- und Lernmittelforschung, Weinheim-Berlin-Basel 1971

DÜKER, HEINRICH, Veranschaulichung und Unterrichtserfolg, in: DÖRING, K. W. (Hrsg.), a.a.O., S. 133-141

DÜKER, HEINRICH/TAUSCH, REINHARD, Über die Wirkung der Veranschaulichung von Unterrichtsstoffen auf das Behalten, in: DÖRING, K. W. (Hrsg.), a.a.O., S. 117-132

DWYER, FRANCIS M., Jr., Adapting Visual Illustrations for Effective learning, in: ANDERSON, R. C./FAUST, G. W./RODERICK, M. C./CUMMINGHAM, D. J./ANDRE, TH. (Ed.), Current Research on Instruction, Englewood Cliff, N. J. 1969, S. 256- 264

FLÜGGE, JOHANNES, Die Entfaltung der Anschauungskraft, Heidelberg 1963

FREYHOFF, ULRICH, Lehr-, Lern- und Arbeitsmittel, in: GROOTHOFF, H.-H./STALLMANN, M. (Hrsg.), Neues Pädagogisches Lexikon, Stuttgart 1971, Sp. 677-680

FUCHS, WALTER R., Knaurs Buch vom neuen Lernen, München u. Zürich 1969

GAILER, J. E., Neuer Orbis Pictus, 3. Aufl., Reutlingen 1842

GARMS, HARRY, Lebendige Welt, Braunschweig 1963

HECKHAUSEN, HEINZ, Förderung der Lernmotivierung u. der intellektuellen Tüchtigkeiten, in: ROTH; H., (Hrsg.), Begabung u. Lernen, Stuttgart 1969, S. 193-228

HEIMANN, PAUL, Didaktik als Theorie und Lehre, in: Die Deutsche Schule, 54. Jg. 1962, S. 407-427

HOFFBAUER, HORST, Sind interessante Bilder effektiver?, in: DÖRING, K. W. (Hrsg.), a.a.O., S. 143-172

HUBER, FRANZ, Allgemeine Unterrichtslehre, Bad Heilbrunn 1965
KANT, IMMANUEL, Kritik der reinen Vernunft, Philosophische Bibliothek (Felix Meiner-Verlag), Hamburg 1956
KECK, RUDOLF, Veranschaulichungsformen, in: NICKLIS, W. S. (Hrsg.) Handwörterbuch der Schulpädagogik, Bad Heilbrunn 1973, S. 418-420
KERSCHENSTEINER, GEORG, Begriff der Arbeitsschule, Leipzig u. Berlin 1922
KLATZKY, ROBERTA L., Human Memory, Structures and Processes, 2nd Ed., San Francisco 1980
KLEY, EWALD, Lernantrieb und Denkhilfe durch Veranschaulichung des Unterrichtsgegenstandes, in: Die Deutsche Schule, 50. Jg. 1958, S. 389-404
LOSER, FRITZ, Die Unterrichtsgrundsätze der Lebensnähe und der Anschauung und ihr Beitrag für eine pädagogische Theorie des Lehrens und Lernens, in: Bildung und Erziehung, 22. Jg. 1969, S. 14-31
MEMMERT, WOLFGANG, Die Geschichte des Wortes »Anschauung« in pädagogischer Hinsicht von Platon bis Pestalozzi, Phil. Diss., Nürnberg 1968
MICHAEL, BERTHOLD, Darbieten und Veranschaulichen, Bad Heilbrunn 1983
MONTESSORI, MARIA, Kinder sind anders, Frankfurt/M.-Berlin-Wien 1980
NEISSER, ULRIC, Kognitive Psychologie, Stuttgart 1974
NEUBAUER, WOLFGANG, Lehreffekte verschiedener Methoden audiovisueller Darbietung, Phil. Diss., Braunschweig 1972
PESTALOZZI, JOHANN HEINRICH, Werkausgabe, hrsg. v. BAUMGARTNER, P., Erlenbach-Zürich 1946
PETER, RUDOLF, Grundlegender Unterricht, Bad Heilbrunn 1954
PETERSSEN, WILHELM H., Das Scharbockskraut - Ein Beispiel elementaren Sachunterrichts in der Grundschule, in: Neue Wege, 17. Jg. 1966, S. 128-132
PETERSSEN, WILHELM H., Handbuch Unterrichtsplanung, 6. überarb. u. akt. Aufl., München 1994
PIAGET, JEAN, Die Äquilibration der kognitiven Strukturen, Stuttgart 1976
ROTH, HEINRICH, Pädagogische Psychologie des Lehrens und Lernens, 4. Aufl., Hannover 1960
SCHULZ, WOLFGANG, Unterrichtsplanung, München 1980
STEINER, ISOLDE, Interessengeleitetes Lernen, München 1983
STEINWAND, ERNST/CORBACH, LIESELOTTE, Lasset uns aufsehen auf Jesum, Plan B, Göttingen 1957
WAGENSCHEIN, MARTIN, Ursprüngliches Verstehen und exaktes Denken, Stuttgart 1965
WELTNER, KLAUS/WARNKROSS, KLAUS, Über den Einfluß von Schülerexperimenten, Demonstrationsunterricht und informierendem Physikunterricht auf Lernerfolg und Einstellung der Schüler, in: DÖRING, K. W. (Hrsg.), a. a. O., S. 185-192